天皇

矢作直樹

扶桑社

第三章　国際銀行家に影響された日本

第四章　骨抜きにされた「天皇の国」

第五章　天皇陛下の国、日本

第六章　そして、これから

はじめに

東日本大震災後、数多の本が出版されましたが、震災後の日本にとって天皇陛下がいかに大きな力をお示しになられたか、そしてそのことへの感謝を述べた本はあまり見かけません。今回、一人の日本人として、敢えてこの点を強調したく浅学非才の身を顧みず筆をとりました。

私は、拙著『人は死なない』(バジリコ)などの著作を通じ、人の生命の不思議さから、創造主の天壌無窮の「摂理」の一端について述べてまいりました。これらは私自身の生い立ちや、医師となってからの多くの経験から導き出した考えでもあります。この「摂理」を理解することで、人がこの世での使命を知り、普遍意識と繋がり、大いなる安堵と幸福が得られることに気づいてもらえればと願ってのことでした。そして、日本人が「摂理」を理解するうえで、大きな役割を担っていらっしゃるのが天皇陛下です。天皇陛下は、日本人が祖国愛と人類愛のもとに調和していくうえでの道標ともなります。
天皇陛下が為されているもうひとつの大きな役割は、現在世界を取り巻いている「力こそ正義」の世界にありながらも、世界の平和と繁栄を願い、精神的な大原則を主導されていらっしゃることです。誠実な人柄と誠心誠意準備をされたお心のこもった対応により、面会を得た各国の元首は皆、日本を代表される天皇陛下に心酔されると伺っております。その精神的影響の大きさは計り知れないものでしょう。

日本人にとって天皇陛下は、2600年以上にわたってこの国を、そして日本人を形作るのに欠かせない「扇の要」のような存在でした。その「要」としての存在を戦後の日本人は忘れつつあるように思います。天皇陛下の「不在」によって日本人、ひいては日本という国が融解し、ギスギスしバラバラになってきたようにも思います。

年号が平成となったころからでしょうか、医療の現場に立つ者として、患者さんやその家族に、ある変化が生じていることに気づき、戸惑いを覚えるようになりました。わかりやすく言うと、日本人の心構えが変わってきたのです。

私が医学部を卒業した昭和50年代。その頃に働いた小さな救急病院は、夜は医師が一人、昼も医師は一人か二人というようなところでしたから、今であれば助けられるような症例でも、亡くなってしまうことがありました。それも若い人であれば、与えられた状況のなかでいくら最善を尽くしたとしても、医師としては「こんなことでいいのだろうか？」と煩悶いたします。ご家族にもそう説明しますと、悲しみながらも「よくしていただいてありがとうございます」と受け入れてくださったのです。そこで「なぜ？　どうして？」と聞かれたことは一度もありませんでした。

これは受け入れる側の心情として、つまり医療処置を施されて亡くなったのであれば、「仕方がない」という、目の前の事実を淡々と受け入れる心構えがあったように思います。

25年ほど前でしょうか、母の親戚のAさんが胃をとる手術を受けることになりました。さほど難しい手術ではなかったはずなのですが、母から「Aさんが手術中に亡くなった」と聞いたのです。すでに医師だった私は驚き、その経緯を尋ねました。すると、「胃の手術」だというので、よけいに驚きました。なにせ、胃の手術中に亡くなるということは、あまりありません。「詳しい事情はわからないの？」と重ねて尋ねたところ、「血が止まらなくなったそうよ」と言うのです。

医師の立場から見て、亡くなった原因にはさまざまな可能性が考えられましたが、母は「あっ、そう。そういうことはBさん（Aさんの妻）には言わないでね」とだけ答えます。「奥さんに言ったところで旦那さんが帰ってくるわけでもないし、その心を乱すだけでしょ。だからもういいのよ」と。それだけでした。

それこそ昨今であれば、「何かあったんじゃないのか？」と言われそうなものですが、そういう考えすらないのです。

時代の様相を思い浮かべてもらえるよう、母のような大正生まれの人のエピソードをもうひとつ紹介します。

Cさんという65歳の知人がいます。昭和38年、中学3年生のときに、学校の化学クラブで別の部員が爆発事故を起こし、Cさんは右手首を切断、左目の視力を失いました。それこそ今でしたら、学校の管理責任や一緒にいた友達への責任割合を刑事・民事裁判で争うような事例です。

しかし、大正生まれのCさんのご両親は誰のせいにするでもなく、子どもの事故を運命として受け入れました。戸板に乗せられて、近所の病院に運ばれ、応急処置を受けていたときに、父親が「大変だったね」と静かに声をかけたそうです。父親は取り乱すこともなく、事故への苦言も責任の追及も口にしなかったそうです。

また、Cさんの母親は毎朝、東のお天道さまに手を合わせ、それから神棚にお供え物をしていました。3人の子どもたちに強制はしていなかったそうですが、生かされていることに感謝をする姿勢を、その後ろ姿で示していたのでしょう。

右手の指と掌、視力を半分失ったCさんは「場合によっては死んでいたかもしれない」「自分が死んでいたら、親を悲しませてしまう」と子どもながらに思ったそうです。さらに親の姿を見て、「人を恨んだり、過去を悔やんだりしてはいけない」と感じ、今でもCさんは「裕福ではなかった家庭で、自分だけが大学を出て、東京の会社に就職できたのは家族のおかげ」と言います。とくに、上京する際に母親から「もし、いよいよ困ったらいつでも帰っておいで」と言われたことを覚えていて、その言葉を思い出すたびに奮い立ったと言います。なお、母親はCさんがいつ帰ってきてもいいように、年金のほとんどを貯金していたそうです。

この事故には後日談があり、Cさんが中学を卒業するとき、ご両親は先生方十数名を自宅に招待して食事会をしました。治療で学業が遅れ、そのぶんだけ先生方にお世話になったと、感謝の食事会だったそうです。大正生まれの世代の人は、本当に肝が据わっていると同時に、すべてを受け入れる姿勢を持っていると感嘆させられました。

しかし、そんな状況も昭和の後半から変わり始め、平成に入ると、それがより明確になったように思います。私が勤務する東京大学附属病院でも、患者さんの容体が急変し、どんなに最善を尽くした状況であっても、ご家族にすんなりと受容していただけないことが増えてきたのです。たとえそれが、数十万人に一人と言われているアレルギー反応であるアナフィラキシーショックでも納得いただくことは難しい。もちろん、発症リスクについては事前に説明し、同意をいただいていてもです。昔とは違い、現代人にとってそういった非常事態は、いくら事前に言われていても納得できないものので、私自身、現場で「ああ、そういう時代になったのだな」と思ったのを覚えています。

もちろん、これらは医療に限った話ではなく、聞くところではサービス業や製造業はもちろん、社会通念として浸透しているようです。利益の追求が何よりも優先され、「公」よりも「個人」に重きを置く社会とでも言えばいいでしょうか。

私は、このような「個」を優先する価値観をもった社会になった理由には、日本人が天皇陛下の存在を意識しなくなったからではないかと考えているのです。

本書では、私自身の経験や、天皇陛下とこの国の近代史の背景を見直すことで、日本人がバラバラになってしまった原因を考察し、天皇陛下に思いをはせることの大切さを再認識してほしいと思っています。一人でも多くの国民が気づきを得ることで、日本はきっと世界に誇れる国になりえると信じています。

天皇陛下は、それこそ無私になられて日々国民の安寧と世界の平和を祈っていらっしゃいます。国民を第一に、そしてご自分は二の次とお考えのごとく、国民のことをお気にかけられてこられました。私たちは、このような尊い心がけで生きていらっしゃる方を戴いていることを心に留めているでしょうか？　もし一人ひとりが、このことをしかと心に留めて生きていれば、国民の結束や道徳心の浸透など、社会もずいぶんと変わると信じているのです。

第一章

天皇陛下とともに生きる

福島第一原発事故と天皇陛下

想像力をなくしたときに危機は生じます。学者、一部の国会議員、自衛隊、合衆国政府、GEなど、多方面から日本国政府に対して、原発の危険性は再三再四、注意喚起されていました。にもかかわらず、これらの直言は無視され続けました。そのようななかでのあの事故、そしてその後の対応のまずさです。国際的にも国内的にも、ある意味で日本という国に対する諦念が広がりかけていました。

こういった状況下で天皇陛下は、2011年3月16日に、復興の詔勅とも言うべき「平成の玉音放送」を、そしてその後は被災地への御行幸を命がけでなさってこられました。

天皇陛下のなされたこの3月16日の玉音放送の国際的な影響の大きさから、私は日本国民として天皇陛下の存在のありがたみを痛感しています。もし、あの玉音放送を賜わらなければ、あの時点で福島第一原発の状況に関する正確な情報を持っていなかった米国政府は、日本政府に見切りをつけることができず即応できなかったでしょう。

そうなれば、福島第一原発の危機的状況は収束することがなかった可能性があります。東京から北、日本の半分が、人々が安全に住めないところになっていたかもしれません。残念ながら、多くの日本人はこのことを意識していないように思います。

両陛下は3月15日から、玉音放送をご準備なされたと伺っています。3月12日から15日にかけて、稼働中だった1号機から4号機まですべてが爆発を起こし、いよいよ危機的状況になりました。

そこで誠に僭越ながら、3月16日朝、私が旧知の宮内庁関係者に連絡を入れたところ、原発の危機的な状況は、政府を含めて関係機関から陛下へ一切報告されていないと伺いました。

それでも3月16日午後4時35分、天皇陛下は東日本大震災で被災された方々をはじめとする国民に向けてビデオを通じてお言葉を述べられました。日本国民が玉音放送を拝するのは、実に昭和20年8月15日の昭和天皇の「終戦の詔書」を拝して以来のことです。とはいえ私も、これは言葉にできないほど大変なことだと思う一方で、このお言葉が世界にどれほどの具体的な影響を及ぼすかまでは、まだわかっておりませんでした。

まずは、謹んでここに全文を掲載させていただきます。

「この度の東北地方太平洋沖地震は、マグニチュード9・0という例を見ない規模の巨大地震であり、被災地の悲惨な状況に深く心を痛めています。地震や津波による死者の数は日を追って増加し、犠牲者が何人になるのかも分かりません。一人でも多くの人の無事が確認されることを願っています。また、現在、原子力発電所の状況が予断を許さぬものであることを深く案じ、関係者の尽力により事態の更なる悪化が回避されることを切に願っています。

現在、国を挙げての救援活動が進められていますが、厳しい寒さの中で、多くの人々が、食糧、飲料水、燃料などの不足により、極めて苦しい避難生活を余儀なくされています。その速やかな救済のために全力を挙げることにより、被災者の状況が少しでも好転し、人々の復興への希望につながっていくことを心から願わずにはいられません。そして、何にも増して、この大災害を生き抜き、被災者としての自らを励ましつつ、これからの日々を生きようとしている人々の雄々しさに深く胸を打たれています。

自衛隊、警察、消防、海上保安庁を始めとする国や地方自治体の人々、諸外国から救援のために来日した人々、国内のさまざまな救援組織に属する人々が、余震の続く危険な状況の中で、日夜救援活動を進めている努力に感謝し、その労を深くねぎらいたく思います。

今回、世界各国の元首から相次いでお見舞いの電報が届き、その多くに各国国民の気持ちが被災者とともにあるとの言葉が添えられていました。これを被災地の人々にお伝えします。

海外においては、この深い悲しみの中で、日本人が、取り乱すことなく助け合い、秩序ある対応を示していることに触れた論調も多いと聞いています。これからも皆が相携え、いたわり合って、この不幸な時期を乗り越えることを衷心より願っています。

被災者のこれからの苦難の日々を、私たち皆が、さまざまな形で少しでも多く分かち合っていくことが大切であろうと思います。被災した人々が決して希望を捨てることなく、身体（からだ）を大切に明日からの日々を生き抜いてくれるよう、また、国民一人びとりが、被災した各地域の上にこれからも長く心を寄せ、被災者とともにそれぞれの地域の復興の道のりを見守り続けていくことを心より願っています」

天皇皇后両陛下は一日かけて、このお言葉の文案を誰のアドバイスも受けず、ご自分たちでお考えになられたとのことです。両陛下は、しかるべきルートから情報を入手されたのではなく、ご自身たちの状況判断でご裁断なされたと、あとで伺い、これ以前でも以後でもないその絶妙のタイミングでのお言葉に私は言葉にできない驚きと感動にうたれました。

米国国務省の外交官だったケビン・メアは自著『決断できない日本』で「災害に際して陛下がテレビに登場し、お言葉が伝えられるのは前例のないことでした。陛下のお言葉ほど、日本が直面している危機の深さをはっきりと知らせてくれるものはなかったのです」と述べています。さらに、「米政府の菅政権に対する不信感は強烈といってよいものでした。アメリカ政府は十六日、藤崎一郎駐米大使を国務省に呼び、日本政府が総力を挙げて原発事故に対処するよう異例の注文をつけていました」と、この陛下の玉音放送を梃子として日本政府に働きかけたことを明かしています。

私が、3月17日に再度、宮内庁関係者に連絡を入れたところ、天皇陛下は（国民を置き去りにしてまで）東京を動かれないということを承り、「これで日本は大丈夫だ」と思いました。本当に言葉にはできないほど有り難いことだと感じ入りました。

同じようなことが、戦時中にもあったと聞きます。戦局がいよいよ深刻化してきた昭和19年7月、軍部が御座所と大本営を長野県松代に移転する意向を、小磯國昭首相を通じて昭和天皇に相談申し上げたところ、陛下は「自分が帝都を離れては、国民に不安感と敗北感をいだかせるおそれがある」と反対されたといいます。さらに昭和20年5月、梅津美治郎参謀総長が松代の「新大本営」工事完成報告とご移動の要請を致したところ、天皇陛下は「私は、国民と一緒にここで苦痛を分けあう」と言われたそうです。

両陛下の御行幸啓

その後の、天皇皇后両陛下の被災地への御行幸啓により、どれだけ多くの方々が安堵したことでしょうか。おそらく、これは石もて追われた菅直人首相でなくとも、ほかのどんな人が首相であったとしても、到底代わりになるものではないと思います。被災地で凍える子ども、不安げな老人の横で、宇宙服姿のような議員が幾度も「安全だ」と繰り返すよりも、平服で膝を折り被災者と同じ目線でお話しなされた天皇陛下のお言葉のほうが遥かに人々の心に沁みたと思います。

テレビで拝した、御行幸啓にまわられた被災地にピンが立てられた日本地図を前に、とても慈愛に満ちた両陛下のお顔に被災者への深い慈しみを感じさせられました。

当時77歳であられた天皇陛下は、被災地の方々の身を深くご案じなされ、身を粉にされて7週連続で被災地を御行幸啓されたのです。そのお疲れもあってか、その年の秋に体調を崩されて当院に入院。あのときは、天皇陛下のご心労いかばかりかと思い、一国民として誠に痛み入ったしだいです。そして、せめて私にできることをと思い、ご縁をいただいた霊力のある方々や教派神道の方々に、伊勢神宮はじめ天皇家にゆかりのある神社参拝によるご平癒祈願をお願いしました。

天安門事件で世界に及ぼされた影響力

天皇陛下の想像を超えた影響力について、記憶していることがあります。

平成元年4月15日、言論の自由化を進めて失脚した胡耀邦前中国共産党（彼らの自称での略称：中共）中央委員会総書記の死去により、彼を追慕する学生や市民などが北京の天安門広場で集会を開き、共産党の腐敗などを批判するデモに発展しました。

その後、規模が拡大して民主化運動として全国に波及。そうした最中、平成元年6月4日、北京の天安門広場に集まった約10万人の学生や市民のデモ隊に対して、中華人民共和国当局が完全武装した人民解放軍を動員して武力弾圧を強行し、武器を持たないデモ隊を大勢死傷させました。

この「天安門事件」（欧米では当時、「天安門広場の抗議（Tiananmen Square Protests）」「天安門広場の鎮圧（Tiananmen Square Crackdown）」とともに「天安門広場の虐殺（Tiananmen Square Massacre）」とも呼ばれました）で世界の世論は硬化しました。「天安門事件」の後、人権擁護の視点から西側諸国は中共政府への制裁として、資金提供や投資を激減させるなど厳しい態度をもってのぞみました。日本も約束した対中円借款の履行を凍結しました。

中華人民共和国は国際的に完全に孤立した状況で、経済的にも窮地に追い込まれます。その後、共産圏諸国を中心に外交関係が回復したものの、平成3年のソ連邦崩壊や東欧革命もあり、共産党一党独裁体制を堅持する中華人民共和国にとって極めて強い逆風が吹きつけたのです。

このような国家存亡の危機のなかで、中華人民共和国は西側諸国の対中包囲網突破の風穴を日本に見いだしました。そして中共政府は、親中派の竹下登前首相、海部俊樹首相などに工作して平成2年11月に円借款凍結解除を勝ち取ります。さらに平成3年8月、「天安門事件」後、西側首脳として初めての海部首相の訪中後、日本は対中制裁を全面解除しました。しかし、日本が対中経済制裁解除をしても、他の西側諸国は中華人民共和国への制裁などの厳しい態度を変えませんでした。

中共政府はさらに、平成4年1月、渡辺美智雄外相を中華人民共和国に招待し、会談のなかで日中国交20周年を理由に、天皇訪中を要請しました。その理由は、自分たちはまっとうな国であると、国際的にアピールしたかったからにほかなりません。

同年4月、来日した江沢民総書記が宮沢喜一首相に再び天皇訪中を要請しました。逡巡していた宮沢喜一首相は、親中派の金丸信元自民党副総裁に背中を押された末に、自民党内の反対議員や、多くの日本国民の反対を無視して、天皇陛下のご訪中を閣議決定しました。

そしてその年の10月、天皇皇后両陛下はご訪中なされました。この両陛下のご訪中によって、驚くべきことに経済制裁をしていたすべての西側諸国が中華人民共和国への制裁を解除したのです。天安門事件当時の銭其琛外相が、平成15年に刊行された回顧録で「天安門事件による孤立化の打破を狙って西側の連合戦線の中で最も弱い部分である日本工作を進め、天皇訪中により風穴をあけることができてよかった」と告白したとおりの効果をもたらしました。そのおかげで中華人民共和国は国体を変えることのないまま息を吹き返しました。

このときの政府の対応の是非については、ここでは論じませんが、国際社会における天皇陛下の影響たるや想像を超えたものだと言えるでしょう。

国民とともにある天皇

昭和天皇は、戦争終結の詔書のなかで「朕は、茲《ここ》に国体を護持し得て、忠良なる爾《なん》臣民の赤誠に信倚《しんい》し、常に爾臣民と共に在り」と宣わられました。まさに「君臣一如」(皇室と国民は一体であるとする考え)です。

遠い過去を振り返れば、今回の東日本大震災は、貞観《じょうがん》11年(869年)5月26日の貞観地震の再来ともいわれます。この年は、さらに6月の新羅《しらぎ》の入冦(新羅の海賊が博多に上陸して貢調船を襲撃し掠奪行為を行った)、7月の肥後国地震などが起こり、とにかくトラブルの多い年でした。まさに、「歴史は繰り返す」の言葉どおり、政治と社会の混乱に共通性がうかがえます。

当時19歳の清和天皇は、同年10月13日に「陸奥《むつ》の国震災賑恤《しんじゅつ》(困窮者に救済を施すこと)の詔《みことのり》」を宣らせ給い、死者の埋葬、被害の大きい者には税や労役の免除など、被災者たちの救済をなされました。そのときの清和天皇の言葉を、現代の言葉で要約すれば、「政治に欠陥があるから、このような天災が起こり、それは私の徳が少ないからであり、天下に恥じる」と、天災は自らの責任であるといった意味になります。今上陛下と変わらない、国民に心を寄せられた実に切々たるお言葉ではないでしょうか。

ご自身を責め、そして徳の政治を訴え、国家の平安を願われた清和天皇。国と民のためにただひたすら祈られる天皇の存在は、1140年後の今も何ら変わることなく連綿と続いています。政をいたす人に徳が求められ、民を守るためにしっかりした国造りが必要なのもまったく変わっていません。

洋の東西を問わず、神話の時代から続くと信じられ、2600年以上にわたって万世一系で国民と共に在る元首は日本の天皇だけです。ヨーロッパの君主国では、君主と国民はあくまで「支配者対被支配者」の関係で、その立場が入れ替わることも多々ありました。シナ大陸*なども、いわゆる「易姓革命」が主流であるため、王家が変わるたびに元の王の一族は滅びることが多く、必然的に血筋の継続はありません。

昭和20年5月、知日家として知られるジョセフ・グルー国務次官は、日本に無知なハリー・トルーマン大統領に対して、天皇制はまさしく封建主義の名残であり、「長期的な観点にたてば、日本においてわれわれが望みうる最善の道は、立憲君主制の発展である。日本では民主主義がけっして機能しないことは、過去の経験が示している」と述べています（ジョン・ダワー『敗北を抱きしめて』）。

たしかに米国的民主主義からみれば日本は異質の国かもしれません。しかし、我々日本人からみれば「君臣一如の民主主義」と言ってよいと思います。明治元年3月14日、当時15歳の明治天皇は、明治新政府の基本方針として「五箇条の御誓文」を示されました。第一条「広く会議を興し万機公論に決すべし」は、のちに民選議会設立の根拠になりました。また、敗戦後、昭和天皇が「新日本建設に関する詔書」、いわゆる「天皇の人間宣言」のなかに、明治以来、皇室が国民と共に在ったことを示すために、究極の民主主義「五箇条の御誓文」全文を引用されました。

すなわち昭和天皇は、日本の民主主義は別にGHQに強制されたから始まったわけではなく、すでに明治天皇のこの「五箇条の御誓文」から始まっていたことを改めて国民にお示しになったのです。先述したとおり、マッカーサーも昭和20年9月の天皇陛下との会見後、「どの日本人よりも民主的な考え方をしっかり身につけられていた」と述べています。

その国と国民の民度により「民主主義」はさまざまなかたちをとります。米国はどうも自分たちと異なる政体に民主主義を見いださず、米国的民主主義の押し売りをしたがります。第二次大戦後の東アジアでは、長らく米国の覇権が及び、民主化の大義名分のもと平和・安定・協力が進められてきました。しかし、このような民主化は、東アジアのごく一部の国以外に根付かなかったこともまた事実です。

現行憲法上、天皇が元首だとは明記されていません。しかし、現実には、あるいは国際慣習上、天皇は「元首」として扱われています。現在でも所轄大臣などは外国訪問する前後、また国家的な行事に際しては普通、天皇陛下にご挨拶・報告に宮中参内する「しきたり」です。また、天皇が元首であることは諸外国を訪問したときの礼砲の数など、天皇と総理大臣の処遇の差を見比べても明らかなのです。これが、「天皇の外国訪問は百人の大使に匹敵する」と言われるゆえんでもあります。

震災後1年のご動静

陛下は震災発生直後にビデオメッセージを発表されたほか、震災後間もなく皇后陛下とご一緒に被災地や避難所を訪問されるとともに、状況把握のため多くの関係者から説明を受けられました。例年のお仕事に加え、数多くの災害関連のお務めを果たされ、極めてお忙しくかつご心労の多い年でした。

もちろん通常の国事行為や儀式、行事も多くこなされましたが、これらの行事は主として宮殿で行われたため、原発事故等に起因する節電要請に応えるべく、行事の一部は御所で行われました。誠に天皇陛下らしいお気づかいです。

11月29日、陛下ご退院後間もなく、体調も万全ではないなか、東日本大震災消防殉職者等全国慰霊祭に臨席され、殉職者を追悼、遺族に心を寄せられました。

2012年に入っても、通常のご公務のほか、東日本大震災の避難者・被災者のお見舞いで東京武道館（3月30日）、埼玉県加須市の避難所（4月8日）、続いて千葉県旭市（4月14日）、茨城県北茨城市（4月22日）、宮城県（4月27日）、岩手県（5月6日）、福島県（5月11日）をご訪問になりました。その後、8、9月にも都内および千葉県東金市に出向かれ、被災者やその世話に当たる人々をねぎらわれました。現地の方々は、天皇皇后両陛下がいらしてくださったことで自分たちが見捨てられていないのだという思いが湧き、希望が持てたと異口同音に深い感謝の言葉を述べていました。

陛下は2011年1月にお受けになった心機能検査の結果を踏まえ、2月に当院にて動脈カテーテルによる冠動脈造影検査をお受けになったところ、冠動脈全体にある程度の動脈硬化が確認され、冠動脈狭窄も認められました。ご治療として薬物ご内服を続けていただき、無理のない範囲で運動をされながら、従来どおりの日常生活をお過ごしいただいてきました。また、11月初めより気管支炎による発熱が見られたため、大事をとって11月6日夜からご入院。ご入院中に、おせきとお熱が悪化し、軽度の気管支肺炎と診断されました。この原因はマイコプラズマであったことが、のちに確認されています。その後ご症状が回復したため、11月24日に退院になられましたが、退院後もしばらくの間、御所にてご療養いただきました。病院・御所でご療養の間、11月7日から12月6日まで、皇太子殿下に国事行為臨時代行を委任され、また、国賓をはじめ幾つかの行事に名代としてご差遣になりました。

また、２００３年（平成15年）の前立腺がんの手術以降、再発に対する治療としてお続けいただいているホルモン療法の副作用として骨密度の低下による骨粗鬆症発症の予防をはじめ健康維持のため、運動に努めていらっしゃいます。このところ、震災や入院などでほとんどテニスをされていらっしゃいませんが、早期にご健康を回復され、皇后陛下と一緒のお姿をテニスコートで拝することを心待ちにしています。

いずれにしましても、天皇陛下は公人として国民の関心・不安に対してご自身の病状を詳らかにされることでお応えになられているように拝察いたします。誠にもって痛み入るしだいです。

通常のご公務に加えて、激増した震災関連の御行幸啓。どう考えても病身である77歳の生身の人間がこなせる活動量でないことは明らかであり、その精神力、ひいてはただひたすらわが国の安寧、国民の幸せと世界の平和を思うお気持ちの強さに圧倒されるのです。

天皇陛下のご悲願

天皇陛下は例年、約３６００件もの功労者、死亡者に栄典を授与されています。東日本大震災によってさらに増えていることでしょう。

陛下は２０１１年秋に気管支炎で入院されていたわけですが、身体的な疲労度から考えて２０１２年３月11日の震災一周年のとき、あるいは同時期にあった英国エリザベス女王の戴冠60周年記念行事にご臨席なさろうとするそのお気持ちの強さに深く感動させられました。そのお体でどうしてそこまでできるのか、本当に不思議でした。

震災の一周年は言うまでもありませんが、エリザベス女王の戴冠60周年記念行事については、エリザベス女王の即位式と60周年の式の両方に出られた方は、天皇陛下以外には一人しかいらっしゃらないとのこと。歴史の重みを痛感させられました。

2012年2月、心臓カテーテル検査でのご入院に際して天皇陛下を拝して、その前年の秋に比べてずいぶんお疲れになられているようにお見受けしました。そして、3月11日の東日本大震災一周年追悼会と5月のエリザベス女王戴冠60周年記念行事への強いご出席希望から、タイトなスケジュールのなか、心臓カテーテル検査1週間後に心臓の手術をお受けになられました。たいへんなご心労・ご苦労いかばかりかと拝察いたします。国民のために、それこそ筆舌に尽くし難いお働きをされたあげく、ご病気を引き受けられたことは国民の一人として誠に申し訳なく思うしだいです。

このことからも、陛下が気になさるのは、国民のこと、相手（エリザベス女王）のことであって、決してご自身のことではないということがよくわかると思います。やはりすべての人々に想いを寄せ、公平に対応することに関するお心配りには、すさまじいものがあります。

それにしても、天皇陛下のご意思の強さには驚くばかりです。

東日本大震災一周年のとき、普通であれば、78歳の男性が心臓手術を受け、退院後

1週間で、あのような気の張る行事にお出ましになるということはありえません。

しかも3月4日の退院後、3月30日までに胸の水を2回抜いています。このことはあまり触れられていませんが、実は大変なことなのです。なぜなら3月11日の一周年行事に出られたときは、通常であれば、まだ入院されている状況だったとも言えるからです。直前の3月7日にも水を抜いていますので、あの行事へのご出席に関しては、医師団としても非常に苦慮したところだと思います。そもそも心臓の手術後に水を抜くというのは、心臓を含めた体の調子が戻っていないということです。

もはや神がかり的な意志を感じますし、私たちはそういった陛下のご意志と大きな愛情のなかで暮らしているということに改めて感謝しています。


天皇陛下にご挨拶させていただくときに感動させられるのは、天皇陛下が大勢並んでいる医師団に対して単に順番にご挨拶されるのではなく、それこそ一人ひとりがまるでご自分の家族の一員であるかのように真剣に心を込めてご挨拶をされているということです。私は、病みあがりでお辛いでしょうから、自分がそこにいて陛下の時間と労力をいただいていることに誠に申し訳ない思いでおりました。

そういったとき私は、天皇陛下が「国民」を「大御宝（おおみたから）」とお読みになられるということの意味を肌で実感させられるのです。

＊地理的・歴史的な用語として用いる場合、古来漢民族が国家を作ってきた地域（チベット・東トルキスタン・内モンゴルは含まない）を、学術界に従い、それを指す英語の「China」に当たる言葉として「シナ」を用います。例えば、東シナ海、シナ・チベット語族、シナ大陸など。

かつてモンゴル族の国（元）や女真族の国（清）の版図だった領域すべてが正当な自国領土だと主張している「中国共産党」政権のチベット・東トルキスタン・内モンゴルの力による併合を正当化する「中国＝シナとその周辺の諸地域からなる多民族国家」という呼称は用いず、彼らの「国家」を指す場合は正式名称の「中華人民共和国」を用います。

第二章

生と死の狭間で得たもの

生命の危機体験によって得たもの

私ごとで恐縮ですが、私はこれまでに幾度か、生と死の狭間を経験しています。これらの体験は結果、私に天啓をもたらすことになり、本書を執筆するに至る動機にも繋がっていますので、ここでお話しさせていただきたいと思います。

これまで、もちろん臨床医として多くの生死の現場に立ち会ってきましたが、ここでお話しするのは、私の身に実際に起こったことです。ひとつは幼少期、もうひとつ（正確には二度）は学生時代にさかのぼります。

なぜそのような昔話をするかといえば、これらの心身に危機が切迫した極限状態を体験したことで、そういった人にしばしば見られる、「なぜかはわからないけれど、わかってしまう力」が私自身に備わったようなのです。

具体的な力の中身については、のちほどご説明いたしますが、その力こそが天皇陛下の素晴らしさをご説明する根拠ともかかわってくるため、こうしてまずお話しさせていただきたく思うしだいです。

あれは小学3年生のときでした。当時、神奈川県の辻堂に住んでいた私は、父とともに自転車で江の島に行き、その帰り道で車にはねとばされてしまったのです。衝突の勢いで中空に投げ出された私は、そのまま頭から地面に落ちました。意識はなく、はねられた瞬間からあとのことは、なにも覚えていません。

入院先でどうにか意識を取り戻し、しばらくの入院を経てようやく退院した際に、主治医は母に「小学校卒業までに亡くなることがなければ、その後はたぶん大丈夫でしょう」と説明していました。私も横で「死ぬかもしれないんだ」と、どこか他人事で聞いていたのですが、ただ、母の表情の険しさに緊張したことを覚えています。

主治医は恐らく、外傷性てんかんで倒れる可能性を疑っていたようです。入院中から、吐き気やめまいを感じ、それは退院後もしばらく続きました。ずいぶん経過して、やっと気分がマシになったと思ったのですが、今度は、見えているものを自然に覚えられなくなっていることに気づきます。私は、両親に対するなんとも言えない罪悪感のせいで、そのことを説明できぬまま過ごすことになりました。

続いての経験は大学時代になります。そのころの私にとって、登山は生活の一部でした。トレーニングも含めると、山で過ごすのは年間200日。生活における優先順位は、登山、アルバイト、学業で、冬季のテストは長期入山で受けられないことが多く、翌年に下級生とともに受けるようなありさまでした。

いつも単独での登山でした。理由があったわけではなく、単に同行する友人がいなかったのです。単独登山は、事故が起きたとき、誰にも気づいてもらえない、助けてもらえないというリスクがあります。そこで、日常生活から自分なりに準備を心がけていました。具体的には、一年を通して下宿に冷暖房は入れず、雪の降る冬でも裸足にサンダル。トレーニングとして、近くの丘を毎日15㎞ほど走っておりました。結果として体力のほうは自慢できるほどにはなりませんでしたが、耐寒能力に関しては、その後、冬登山をするのにとても役立ちました。

かように登山に夢中だった私ですが、2度の滑落事故を経験したことで、現在ではまったく登山をしなくなりました。

最初の滑落は、昭和54年3月、鹿島槍ヶ岳でのことです。

単独登山の場合、携行できる荷物に限界があり、食料などの節約のため基本的に悪天候でも休まず動くようにしていました。ときには風速40メートルという突風が吹き荒れるなかでも行動しましたが、それほどの強風となると、40キロの荷物を背負っていても油断すると体は宙に浮いてしまいます。さらに体感温度は、氷点下70度くらいにまで下がります。

そのときの視界は、2〜3メートル程度でしたでしょうか。ドォーンという轟音とともに、私の体は宙に浮きました。張り出していた雪庇（一方向から吹く風により、山の尾根などに張り出した雪の庇）を踏み抜いてしまったのです。どう考えても初歩的なミスで、すべては気の緩みが原因でした。あっという間にスピードがつき、もはや止まる手段はありません。すぐに死を覚悟しましたが、猛烈なスピードで斜面を落ちていくなかで、情けない気持ちや、母への申し訳ない気持ちがよぎりました。ただ不思議なことに、恐怖や不安などといった感情はまったく生じませんでした。

猛吹雪のなか、斜度60〜70度、比高600メートルほどの雪壁をサーフィンでもするかのように、宙に放り出されてはまた雪面にバウンドするという状態を繰り返しながら落ちていきます。さらに、雪の塊がゴロゴロした雪田にいきなりドスンと落ち、そこから雪の塊に衝突しながらすごいスピードで流され続けましたが、突然、これまで経験したことないような強烈な衝撃とともに目の前が真っ暗になりました。衝撃のせいか雪に埋まっているせいか、息もできません。

無意識のうちに必死でもがいていると、目の前がぱっと明るくなりどうにか息をすることができました。もがいていた時間はせいぜい2、3分だったと思いますが、あのまま死んでもきっと苦しくなかったと思います。

落下時間は、せいぜい数十秒程度だったと思いますが、比高1000メートル、距離にして1200メートルは墜ちたことになります。東京タワー3個分の斜面を落下したのですから、決して助かるような状況ではありません。

不思議なのは、埋まっていた雪のなかからはい出してしばらくしたとき、「自分はなぜ助かってしまったんだ」と、後ろめたい気持ちにさいなまされたことです。実に不思議な感覚でした。

その後、ボロボロの体と荷物でどうにか野営をし、2日後の昼ごろに人のいる場所まで戻ることができました。

しかし、文字どおり九死に一生を得たにもかかわらず、ただの登山馬鹿の私は病院に行くでもなく、少し休息をとってから残りルートの縦走を再開したのです。その後は事故もなく、行程を完遂しましたが、いま思えば異常な行動だったと思います。

ギリギリで生き残った同じ年の12月、性懲りもなく私は、前回の雪辱を期すべく、またしても鹿島槍ヶ岳から槍ヶ岳への縦走を強行します。昭和54年12月22日のことでした。

2度目の事故は、針ノ木岳頂上直下の雪壁を登っているときに起きました。原因は、アイゼンという登山道具の破損で、バランスを崩した私は壁を落下しだしたのです。

それでも今回は、眼前を猛スピードで流れていく岩にどうにかしがみつきストップすることができました。しかし、立とうとすると、止まる直前、岩にぶつけた左ひざに力が入りません。とにかく気合で、片足で跳ねるように登って、なんとか稜線に戻り、傾斜を座って滑り下りることにしました。そのまま、どうにか谷を下りたころには、もう次の挑戦のことを考えわくわくしていたのです。なにせ次の休みは、大学生活最後の冬山になるので気合も入ろうというものです。

そうやって、ようやくバスの発着する場所まで戻り、辿ってきた山を振り返ったときのことでした。

「もう山には来るな」というコダマのような声が、はっきりと聞こえたのです。驚いて見渡しても、周りには誰もいません。その瞬間、すべての思考が停止し、次に気づいたときには肩の力が抜け、「山はもうやめた」と即断していました。それまでの山への執着が嘘だったかのように、不思議と晴れ晴れとした気分でした。

後先考えない若い登山者はなぜ2度も助かったのでしょうか。「声」は誰のものだったのでしょうか。いずれにしてもあの体験によって、私が「まだこの世界でやるべきことがある」という大きな啓示を受けたことはたしかなのです。

不思議な力とは?

拙著『人は死なない』のなかでも、同じようなことをご説明しました。ただ、やはり最先端医療に携わるという立場上、手探りでのカミングアウトに近いので、「今から述べることというのは、所謂科学的な論理的な思考過程ではありません」「なぜかと問われるとわからないけれど、少しだけわかることがある」「それは、後で検証されればわかることで、理性と直感のなかでそんな風に感じることをこれから述べます」といった感じの曖昧な表現で書きました。

ある事柄に対して、「これは、ちょっとどうなんだろう?」と疑問に思ったとき、頭のなかにあるイメージが浮かびます。自分のものではない思考のようにも感じるのですが、あとで検証すると、そのイメージどおりのことが起こるようです。

どうしてそんなことになったのか私にはわかりません。きっかけは先述した九死に一生を得た体験なのですが、「なぜ私なのか?」という理由は不明です。

この身に宿った力について、自分で把握したのはそれほど前のことではありません。というのも、ある友人に明示されたのがきっかけでした。

その友人は世界の普遍意識と繋がることができます。「普遍意識とはなにか?」と問われても言語化しにくいのですが、より大きな存在だと申し上げておきましょう。彼は相手を視ることによって霊的な状態を一瞬にして自動書記することができます。

そして、私の霊的なチャクラが開いた直接のきっかけは、前述した一回目の山での事故だったというわけです。

一般的にも臨死体験をした人が、霊的な能力が強くなるというケースは数多く報告されています。有名な人であれば、アメリカのダニオン・ブリンクリーがいます。雷にうたれて心肺停止になり、蘇生されたあと、そうした能力が身につき、その後はエネルギーヒーラーとして多くの人々に施術による気づきを与えているそうです。本も出版され、ヒーリングだけではなく、透視や予知もできるそうです。


ここまで、私自身が「なぜだかわからない」けれども、ある日、少しだけ「わかる」ような力が備わったということが、それとなくお伝えできていれば幸いです。

「そんなことはありえない」とおっしゃる方もいるでしょう。なにせ現代の科学では証明できない事柄ですので、私自身も説得力のある言葉で語ることが難しいのです。

ちなみに、この能力は正しく生きなければ、やがて発揮できなくなるそうです。言い換えれば、ある種の十字架を背負っているようにも思えてきます。つまり、なんらかの目的や使命があって背負わされているのならば、能力を維持するために心正しく生きなくてはいけないわけですが、肝心の「なんのために？」がわからないとなると、それはそれで、かなり心労となります。

しかし、やがて私は、畏れながら、この力ゆえに日本にいらっしゃる最上級の特別な存在に気づき、自分がやるべきことに思い至るのです。

天皇陛下と私

ここで改めて医師としての私と天皇陛下についてご説明しておきます。

私は東京大学医学部附属病院の救急部・集中治療部部長を務めています。救急と集中治療の責任者です。そのため今上陛下が最初に前立腺の手術をされたときは、特別病棟に集中治療機能を移設して、そこで2週間ずっと待機し、処置のあるときには私も立ち会わせていただきました。そういう意味では、医師団の一人として陛下と接することができたのはたいへん有り難いことでした。

ただ正直な気持ちとしては、入院や手術に際して陛下が会われる医師団は、現状より少ないほうがよいのではないかと思っております。皇室側のご意向もあり、顔を見てない人間が危急の場合に登場するということはありえないので、あらかじめ全員が紹介されるのですが、これが陛下にとってはご心労だろうと危惧しているからです。私自身大変申し訳ない思いを抱きました。

ご気分のすぐれないなか、病室に大挙して訪れる医師団に対し、一人ひとりに「よろしくお願いします」「ありがとう」と必ずお声掛けなさるわけです。ところが、医師団の数は手術の内容によって変わってきますが、検査であったとしてもフォローアップの放射線検査、CTやMRIなど担当セクションが複数あるため10人ぐらいいます。プラス放射線科の医師や技師が5〜6人。さらに対外的な業務を担当する者もいるため、総勢で20人くらいになります。それでも、それぞれの医師や関係者の顔を覚えておいでになることには驚かされます。

ちなみに私はあくまで、危急の場合に備える仕事ですので、基本的には飛行機での移動もしないようにしています。もちろん表立って、「あなたは外国に行かないでください」とか、「飛行機に乗らないでください」とは言われてないのですが、そこはやはり、責任ある立場として配慮すべきだと考えております。

天皇家に受け継がれる力

「天皇」の役割を端的に申せば、日本の最上位に位置する「祈る人」です。天皇陛下はこの国の平和と安定を祈る、最も重要な神主としての役割を、さらに「特別な力」をもって担ってくださっているのです。

天皇陛下はお立場、なされていることが特別であることはもちろん、神助を得られるという意味で「特別な力」をお持ちだということを私は強く感じています。そのお力で、天皇陛下が日本と日本人を守られているということを一人でも多くの人にお伝えしたいと考えています。

明治天皇に元勲たちが心酔していた理由のひとつに、その霊力による治療などを目の当たりにし、たとえば大隈重信はずいぶん治療していただいていた、と伺います。

天武天皇は、国の乱れをいかにして立て直すか思案された末に、皇親政治をめざして律令制による中央集権国家の建設に力を注がれました。八色姓（やくさのかばね）を始め、さまざまな制度を制定、律令制定の詔を出され、天武天皇の崩御後に令のみが飛鳥浄御原令（あすかきよみはらりょう）として頒布されました。

また、仏教の振興のために数々の施策をうち、さらに古神道を中心に据えた信仰が必要であると感得して、神宮の式年遷宮の制定をされました。神祇官（律令制において設置された国の機関。神は天津神《あまつかみ》である天神を、祇は国津神《くにつかみ》である地祇を表し、祭祀を司る。天皇陛下が神と一体化するために最も重要な役割を担う）に関する記録は継体天皇の時代に初めて顕れたのですが、実際の始まりがこの天武天皇の時代と考えられ、史料によれば、天武2年の大嘗祭で神官が参加していることが確認されています。

神祇伯白川家に伝承された神道は、白川神道、伯家神道とも呼ばれますが、ひとつの学派をなしたものではなく、白川家を中心にして継承された諸々の神拝作法、神事・神法や行事を総称して呼んでいるものです。またその長官を「神祇伯」と言います。

白川家は、花山天皇皇子清仁親王の王子延信王が万寿2年に神祇伯に任ぜられてから、35代を経て明治初年まで神祇伯王として朝廷に仕え、臣下で唯一伯王を賜わりました。天皇が神祇に対する際の名代として、重大な神事伝法は伯王家（＝白川家）にのみ伝えられていたといいます。実際、白川家は江戸時代まで、神祇伯として神拝作法の伝授や神職免許の授与を行い、伝統的な宮中祭祀や特殊な神事・神法を担い、その作法や行事を伝承してきました。

今上陛下は、昭和天皇の喪が明けた平成2年11月22・23日に無事、大嘗祭（皇位継承のための公的祭儀にして最大の秘祭。新天皇は、この儀式を通じ祖神と一体化するという）を執り行われました。これにより天皇陛下のお力は安泰です。天皇陛下ご自身「即位の礼と大嘗祭が多くの人々の協力のもとで、滞りなく執り行うことができました。関係者の尽力に対し、また国民の祝意に対し、深く感謝の意を表したいと思います」と述べられています。（平成2年12月　天皇陛下お誕生日に際し）

今上陛下は、日本の祭祀王として日々、全身全霊をかけて国民のために祈り続けておられます。想像力を少し働かせていただければ、このことがどれほど大変なことであるかおわかりになるのではないでしょうか。幸いにして私は、少しの知識と、事故を通して得た力と、実際に陛下とお会いする機会に恵まれるために、そのご苦労を推察しています。

いずれにしましても、人は肉体を持った個人として、権利については平等としても、その魂の格や役目は千差万別です。こと天皇陛下におかれては、すべて国民・世界のために日々を費やしておられるわけですから、その魂の格がすばらしいということだけは覚えておきたいと思います。

むしろ問題は、そういった事実を知らぬがゆえに、そのことに思い至ることのできない国民の側にあるのではないでしょうか。この国を眺めてみても、天皇陛下はこれまでどおり絶大なお力を発揮されているにもかかわらず、その祈りのお力の受け皿としての能力が国民の側に欠落していることがわかります。つまりは、古来、八百万の神々（＝天皇家の祖神である天照大神が束ねた）の霊性としての存在を、知識ではなく体感として受け入れてきた日本人の姿とは、大きく異なったように思います。

繰り返します。われわれ国民が天皇陛下に思いをはせることで、日本ははじめてひとつになれるのです。

では、なぜ日本人はバラバラになってしまったのか？　その責任は、わが国民をこのような状態に作り替えた人々にあると思います。次章以降ではその検証にページを割いていきましょう。

第三章

国際銀行家に影響された日本

歴史は政治手段である

歴史家のアーノルド・トインビーが「人は歴史を学ぶ、しかし歴史からは何も学ばない」と言ったのは至言だと思います。今に始まったことではなく、また日本人だけが「学ばない」というわけでもないでしょう。しかしながら、やはり歴史から学ばねば悲劇は繰り返され、大切なものが失われてしまいます。

ここで注意すべきは、歴史から学び、そのとき「もしこうしていたらどうなっただろう？」と後ろ向きの仮定をするのではなく、これからどうするかを考える前向きの思考が必要だということです。また、とくに重要なのは、「国際政治においては、歴史はあくまで政治の延長で、すなわち歴史は事実かどうかではなく、あくまで政治の手段として使われる」ということを肝に銘じておくことです。

つまり、私たち自身は歴史の真実を知ることで、自存自衛のための確固とした考えを持つことが大切です。間違っても不確かな歴史認識のまま他国の人たちに不用意な発言をして国益を失してはならないのです。

これらのことを踏まえ、本章以降では次の4点について共に考えていきたいと思っています。

①世界に影響を与える国際銀行家の存在とは？
②明治維新から第二次世界大戦における国際銀行家による誘導とは？
③連合国軍最高司令官総司令部（GHQ）の占領政策によって日本国民は思想的に骨抜きにされたのか？
④戦後教育においても次世代の思想的骨抜きが行われている？

国際銀行家およびその影響の大きい米国は、日本を開国させて以降、日本人が天皇陛下の存在を忘れ去ってしまうよう画策し続けてきました。目的は、一君万民として一枚岩でやってきた日本の強固なシステムを瓦解させ、国際社会に引きずり出し利用することにあります。その手法は、非常に巧妙かつ狡猾で、これまで語られることはあまりなかったかもしれません。

そこでここでは、列強を動かしていた国際銀行家による近代の歴史と、敗戦後の日本の仕組みを改変していく実情を概観し、このような事実を認識することで憲法をはじめとして国の仕組みを立て直す契機にしたいと思います。

世界に影響を及ぼす「国際銀行家」とは?

国家の経済構造を人体の循環器になぞらえてみると、中央銀行は心臓であり、一般金融機関は血管であり、そして通貨は血液だと言えるでしょう。国民が生きていくうえで適切な通貨量の流れは不可欠であり、そのためにも適切な通貨を国民のために発行する中央銀行の健全な運営は絶対条件となります。しかし今、世界の列強を見渡すと、どの国も本来国民のものであるはずの中央銀行は純粋にその国の人たちのものではなく、国際銀行家と言われている人たちの影響を受けるものになっています。

この国際銀行家という存在は、18世紀にフランクフルトのユダヤ人両替商マイヤー・アムシェル・ロートシルトがヘッセン=カッセル方伯ウィルヘルム九世の遺産管理を任され、そして5人の息子たちをヨーロッパ中に派遣して国境を越えた両替商支店網をつくったのを発端としています。彼らはその後、戦争など国家にとって多額の金が必要なときに金を貸すことで莫大な富を築いてきました。それが高じて、今では彼らが結束し、ヨーロッパ王室の金庫番も兼ね、世界の政治経済に大きな力をふるっていると言われています。金は想念と同様に強いエネルギーを持ち、水と同じで世界の隅々までどこへでも流れてゆくので人を動かす力も情報もついていきます。

もちろん、正式名称として「国際銀行家」という表向きの組織があるわけではありません。

国際銀行家がどのようなものかについては、1913年に全国準備機構法（オーウェン・カーター法）案に署名して、米国の中央銀行である連邦準備制度（FRS）を彼らの手に渡してしまったウッドロー・ウィルソン大統領が死の直前に残した述懐が端的に示してくれています。

「私は一番不幸な人間です。私はうっかりして私の国を滅亡させてしまいました。大きな産業国家はその国自身クレジットシステムによって管理されています。私たちのクレジットシステムは一点に集結しました。したがって国家の成長と私た

ちのすべての活動はほんのわずかの人たちの手の中にあります。私たちは文明化した世界においての支配された政府、ほとんど完全に管理された最悪の統治の国に陥ったのです。もはや自由な意見による政府、信念による政府、大多数の投票による政府はありません。小さなグループの支配者によって拘束される政府となりました」

少し前に、住宅バブル（サブプライムローン）崩壊から始まった金融危機が世界を席巻しましたが、この原因は1987年から2006年1月までFRB議長を務めたアラン・グリーンスパンの数度にわたる金融緩和にあります。2008年3月20日のワシントン・ポスト紙のインタビューで、長期（この間経済は平均4％も成長していた）にわたって1・0％という低い政策金利を続けた理由を問われ、「FRBのせいではない。global forces（全世界的に力を及ぼす勢力者たち）が長期の低金利を続けさせ、住宅バブルを加速させた」と答えました。

本来は米国政府から独立して金融政策を実施する連邦準備銀行（FRB）のトップに圧力をかけられる者など、建前上はいません。しかし、彼は「FRBの株主＝国際銀行家たち」の力にコントロールされたと告白したのですから、実に驚くべきことです。

国際銀行家の組織

インドの反グローバル主義者アルンダティ・ロイが2004年8月16日にサンフランシスコのAmerican Sociological Associationで行った講演から引用してみましょう。

「世界を舞台に、主権国家の政府の支配権を超えて貿易と金融の国際機構が監視する多国間の法や合意の複雑なシステムは、植民地化政策も顔負けするような横奪のしくみを揺るぎないものにしてきました。このシステムは第三諸国の国内市場に大量の投機資本（ホットマネー）が無制限に参入し、自由に撤退することを許し、それによってこれらの国々の経済政策を実質的に支配することを可能にしています。資本の逃避という脅しを梃子に、国際資本はこれらの国々の経済をどんどん侵食していきます。巨大な多国籍企業がこれらの国々の不可欠なインフラや天然資源の支配権を握り、鉱産物も、水も、電気も支配します。世界貿易機関、世界銀行、国際通貨基金に加え、アジア開発銀行など、国際銀行家がコントロールする金融機関が、事実上これらの国々の経済政策と議会立法を策定しているからです。ごう慢と無慈悲という最悪の組み合わせによって、これらの機関は、相互に依存した複雑な歴史を持つ、壊れやすい社会に大鉈をふるい、荒廃させます」

現在、世界を動かしている国際銀行家のメンバーとしてオナシス家、ケネディ家、デュポン家、メロン家、ハリマン家、モービル家、モルガン家、ロスチャイルド家、ロックフェラー家などがあげられています。このような家々はお互いに婚姻により深い関係を築いてきました。この世界を動かしている人たちはみな繋がっていると言われています。

彼らの行状の一端を例示しましょう。1830年代、ボーア人として知られるケープ植民地の農民が無人の内陸を開いてオレンジ自由国とトランスバール共和国を建国しましたが、この不毛の地にダイヤモンドと金の大鉱脈が発見されると、1899年、ロスチャイルド家の意向に沿って英国はこの地に侵入し、やがてアングロ・ボーア戦争となりました。勇敢に戦ったボーア人でしたが衆寡敵せず敗れ、ダイヤモンドと金はロスチャイルド家の代理人セシル・ローズの会社デ・ビアスのものとなり、現在世界のダイヤモンド産出量の9割を独占していることは有名です。

また、本章のはじめでも触れた米国の連邦準備制度（FRS）について見てみます。市中銀行の監督規制とドル紙幣の発行をする連邦準備銀行は米国全土に12行ありまず。この米国の金融の元締であるはずの「連邦準備銀行」は、匿名株主に所有された私設銀行であって、連邦政府のものではありません。つまり、米国の財布の紐を握る者が米国民の民意とは無関係の者であるということです。

米国の全国通貨機構は1912年、国際銀行家の意を酌んだネルソン・オルドリッチ上院議員（娘アビーがジョン・D・ロックフェラー二世の夫人）に従い「全国準備機構法（オーウェン・カーター法）案」を提出しました。そして1913年12月22日、国際銀行家のポール・ウォーバーグやジェイコブ・シフらに支援を受けていたウッドロー・ウィルソン大統領の署名のもと、オーウェン・カーター法が成立して米国の通貨をつくる権利が国際銀行家の手に渡りました。

もちろん、この法律は合衆国憲法第1条8節5項「連邦議会は、貨幣を鋳造し、その価値および外国貨幣の価値を定め、また度量衡の標準を定める」に明らかに反しています。

この法の成立に体を張って抵抗した民主党ルイス・T・マクファデン下院議員は、「公衆の貨幣に対するあらゆる実効支配を政府とその国民から奪い、国民の間に流通する貨幣量を増減させる危険な権限を銀行に対して独占的に付与するもの」と喝破しました。

また、トマス・エジソンは、「われわれの国が3000万ドルの公債は発行できて、3000万ドルの通貨は発行できないというのは何とも馬鹿げています。両方ともに支払いを約束するものですが、一方は高利貸しを肥やすための約束であり、他方は人々を助けるためのものなのに」と糾弾しています。

ちなみに、日本においても昭和57～62年の中曽根康弘首相時代に実行された「構造改革」以来、急速に進行しているグローバリズムは、国際銀行家たちの意図を酌んだ米国政府の要請によるものです。そのなかで、わが日本銀行も、米国の連邦準備銀行と同じ運命を歩まされつつあるように思います。

日本銀行は政府から独立した法人とされ、公的資本と民間資本により存立していまず。つまり、日本の通貨が日本国民の代表である政府の手が届かなくなる可能性があるということです。資本金は1億円で、そのうち政府が55％の５５００万円を出資し、残り45％にあたる約４５００万円を政府以外の人々が出資しています。出資者には出資口数を証した「出資証券」が発行されますが、これはジャスダック証券取引所に上場され、株券に準じて取引されています。つまり、お金さえあれば誰であっても買える（＝影響力を行使できる）のです。

衝撃のカミングアウト

２０１１年11月11日、世界最大の一般消費材メーカーであるプロクター＆ギャンブル（P&G）を創業したギャンブル家の御曹司、フォスター・ギャンブルは、自身が製作した映画『THRIVE（スライヴ）』を公表しました。従来、国際銀行家たちによる世界の富の独占についての多くの情報は、その内容の壮大さから「陰謀論」とされ、真実性が必ずしも受け入れられてきませんでした。ところが、この映画は、その当事者の一人が、彼らによる富の独占の事実をカミングアウトしたもので、世界に大きな衝撃を与えたのです。

このギャンブルの言う「繁栄」とは、一握りの人たちによる富の独占という現状を、誰でも簡単に手に入れられるフリーエネルギーの汎用化により、誰もが繁栄できるように変えたいとの願いが込められたものです。

この映画の前半は「フリーエネルギー」の可能性について言及しています。

そして後半では、マネーの流れはピラミッド状となり、頂点から底辺に向けて「国際銀行家↓大銀行（特別の金利で大企業に融資）↓企業統治体↓政府（課税・支配）↓一般の人々」のように還流すると、ピラミッドの頂点にいるギャンブル自身が紹介し、そのいびつさを指摘しています。

さらにギャンブルは、すでに実現可能であるとされるフリーエネルギーが、なぜ普及していないかについて明かしています。いわく、国際銀行家にとって彼らの握るエネルギーが世界支配の手段のひとつとして大きな役割を果たしてきました。フリーエネルギーの存在はその存在基盤を脅かすことになるため、彼らはその普及を邪魔してきた、というのがギャンブルの主張です。

そしてフォスター・ギャンブルは映画のなかで、「私たちは何をすべきか」「その結果、現実社会はどうなるか」について以下のような説明をしています。

「私たちにできること」

①情報を得たり、自分の考えを述べたり、他人とつながる場をつくる
②地元の銀行を使う
③責任を持った購入や投資をする
④公正で開かれたインターネットを維持する
⑤独立メディアを支援する
⑥有機・非遺伝子組み換え農業を支援する

⑦追跡可能な紙投票の維持と企業献金の廃止
⑧再生可能なニューエネルギー技術を支持する
⑨クリティカルマス活動（臨界点）に参加登録する

「その結果として実現する社会の姿」
①私たち人間は、生き生きと暮らす世界をつくり出すことができます。
②空気と水と食べ物がキレイで、エネルギーと食べ物を地域で生産することができ、開かれた公正な取引が行われます。
③教育は任意で個人のニーズを満たします。
④以前より少なく働きながら、より多くの富・資源・安全が手に入ります。
⑤「非侵害」は自由意思による自立した体制をつくろうとする私達を導き、一人ひとりを守ってくれます。

国際銀行家の深謀遠慮にはほとほと感心させられます。何百年もかけて確実に世界に浸透してきたその想像を絶する信念とエネルギーもあっぱれなものです。彼らの考え方や執念は私たち日本人とはまったく異質で想像を超えたものであることを再認識させられます。

これから述べるようにわが国も幕末維新以来、彼らの影響をたぶんに受けています。国の在り方もここ30年ほどの間に急速に彼らのいういわゆる「グローバリズム」に呑み込まれつつあります。そこで、フォスター・ギャンブルが掲げる前記の行動指針とともに、私たちは彼らから国富を守るために、通貨を発行する中央銀行である日本銀行の出資者構成が法改正などにより悪いほうに変わらないようよく注目しておくことも重要だと考えます。

明治維新における国際銀行家

現代社会において、政治と経済は不可分です。世界を動かしてきた欧米先進諸国は、第二次世界大戦前の帝国主義時代にアジア、アフリカを植民地にしました。植民地では、そこに暮らす人々の将来を考えて社会インフラをつくるというようなことはされず、もっぱら搾取が行われたことは周知の事実です。

一方で、ペリーによる開国以前の日本は、他国に迷惑をかけることもなく実に平和に自存していました（例外的に豊臣秀吉が朝鮮半島に出兵したことはありましたが）。それが、１８５３年のマシュー・ペリーの来航以後、燃料・水・食料補給のための港を欲した米国だけでなく、英・仏・蘭・露の欧米列強からも開国を迫られ、１８５８年に不平等条約（安政五か国条約：各国に対して治外法権の容認と日本の関税自主権の喪失）を結び開国することとなりました。

帝国主義列強の「力こそ正義」を目の当たりにした日本は、国の存亡をかけてそれまでのよき社会の仕組みを捨て、西洋に倣い、そして対抗すべく「力の国」造りに邁進します。開国前の江戸末期に日本を訪れた多くの外国人たちが、衣食住が完結し人々が心豊かに幸福にくらしてきた美しい日本に、西洋人が彼らの重大な悪意を持ち込もうとしている、と懸念したとおりです。

その後、欧米列強に遅れながらも帝国主義を着々と進め、それが西洋諸国の利害とぶつかり、最終的に大東亜戦争敗戦というかたちで終わりました。

敗戦後の日本は、彼らに二度と歯向かえないように国の仕組みをことごとく改変させられ、米国のコントロール下で生きてきました。米国の日本に対しての要求は、先のペリーによる開国のときと同じように一貫して米国の国益のためになされてきたことは火を見るより明らかです。

この国際銀行家たちの存在や、彼らにより世界が動かされてきたことを前提とすると、日本もまた明治維新直前から彼らの影響を受けてきたことがわかります。

幕末に日本で武器商人として活躍した英国人、トーマス・B・グラバーは、ロスチャイルド家の銀行のひとつ、HSBC（香港上海銀行：アジア最大の植民地経営のための銀行。英国公使ハリー・パークスと組んで明治新政府の金融政策を指導した）の日本での営業権を得ていました。そして、日本開国の牽引役であった坂本龍馬をはじめ「維新の志士」たちに対して資金提供と強力な指導を行いました。その功績に対し、明治政府は明治41年、外国人としては破格の勲二等旭日重光章を贈っています。しかし、見方を変えればグラバーは強制的に弱肉強食の世界に日本を引きずり込むための下地づくりとして、日本を「近代国家」にするお膳立てをしたとも言えるわけです。

日露戦争とロスチャイルド

1900年の義和団事件後、満州に居座り朝鮮半島をもうかがうロシアとの間で日露戦争が勃発しました。

日銀副総裁であった高橋是清が苦労して折衝し、日露戦争の外債（全戦費の3分の2）による戦費の5割はドイツ系ユダヤ人ジェイコブ・シフが率いるクーン・ローブ商会から調達しました。しかし、このクーン・ローブ商会も国際銀行家のメンバーです。

ジェイコブ・シフはボルシェビキ革命が進展するようユダヤ人であったレーニンやトロツキー（帝政ロシアでは社会的不満のはけ口としてユダヤ人排斥運動が盛んでした）に資金提供して、ロスチャイルド家と敵対していた帝政ロシアのロマノフ王朝も倒しています。

このロマノフ王朝のアレクサンドル一世は、欧州の国々を巻き込んだナポレオン戦争終結後の1815年9月26日、キリスト教的秩序の回復によるヨーロッパの平和構築を目指してオーストリア皇帝、プロイセン国王と神聖同盟を発足させました。のちに欧州のすべての国家君主がこの同盟に参加。この動きに対してロスチャイルド家は反対の立場を表明し、やがてロマノフ王朝打倒に動いたと言われています。

また、国際銀行家の世界統一政府樹立に向けて、競合する組織や国家を潰すやり方の特徴には、資本主義国と共産主義者の両方に資金提供する「正と反」を同時に行うことがあります。ふたつを争わせて消耗させることで、第三者である自らの立場を結果的に押し上げる。これほど狡猾な戦術はなかなかありませんし、そもそも莫大な資本がなければ不可能です。

たいへん重要なことですが、天皇家はこれらの勢力とまったく無縁というわけではありません。なかでも、ロスチャイルド家とは親しい関係にあられると言われています。たとえば、昭和天皇から叙勲されたエドモンド・ロスチャイルド（イスラエル建国に多大な寄与）の娘である声楽家のシャーロット・ロスチャイルドと親しい友人から聞いたところでは、彼女は日本文化にたいへん造詣が深く、日本の童謡を歌ったCDを出しています。このシャーロットが友人に「三笠宮崇仁殿下をよく存じています」と語っていたそうです。

また昭和50年、昭和天皇は訪米のおり、ディビッド・ロックフェラー邸を訪れていらっしゃいます。平成19年11月にはこのディビッド・ロックフェラーが天皇陛下を訪問しています。

こういった関係を保っているからこそ、天皇陛下を戴く日本が、国際銀行家がコントロールする国際社会において一方的に足蹴にされないのだとも言えるわけです。しかし、彼らも決して一枚岩というわけではなく、複雑に絡み合った権力のなかで時には争いに至ることもあります。巷には「天皇」についてのさまざまな議論があるようですが、そもそも「世界を動かすサークルの中での日本」という視点を欠く話は、本質から逸れてとても危ないものであると思われます。


さて話を日露戦争に戻しますと、財政的にもはや限界に達しつつあった日本は、金子堅太郎（政治家、セオドア・ルーズベルト大統領とはハーバード大学で同窓）や駐米公使・高平小五郎の努力で、セオドア・ルーズベルト大統領の斡旋により日露戦争の講和にこぎつけます。

ところが国民は、日本がもう戦いを続ける余力がなくやっと日露講和条約にこぎつけた実情を知らされなかったために、講和条約で賠償金を取れないなど予想外に厳しい内容に対して怒りを爆発させ、日比谷焼き討ち事件をはじめ各地で暴動が起こり、厳戒令が発令されるまでになりました。その後も国民の怒りは収まらず、その視線はこの講和の仲介役をした米国にまで向けられ、東京の米国公使館が襲撃の対象となったことから、米国の世論は反日の方向へと傾いていきます。

このころ、清朝の混乱に乗じて英独仏露の列強が、シナ大陸における利権を手にしていましたが、これに乗り遅れた米国は、自分も利権を欲して1899年に国務長官ジョン・ヘイが、シナ大陸における「門戸開放、機会均等、領土保全」の三原則を列強に示しました。そして、戦争中から戦時外債を引き受けて日本を援助した鉄道王エドワード・H・ハリマンが、日露講和条約締結直後に来日して、多額の財政援助を持ちかけ、南満洲鉄道の共同経営を桂太郎内閣に申し込んだのです。

これに対し、アメリカの力を満洲に引き入れたほうが今後のロシアとの対抗上も有利と判断し、桂太郎首相は明治天皇の内諾も得て予備協定(桂ハリマン協定)を成立させます。このハリマンの資金協力者もクーン・ローブ商会です。

ところが、ハリマンと入れ違いにポーツマスから日本に戻った小村寿太郎外相は、国民感情を慮って一転、この協定を破棄し、ハリマンを激怒させます。親日だったセオドア・ルーズベルト大統領は、日露講和条約締結に至る日露の和平交渉への貢献が評価されて1906年のノーベル平和賞を受賞しましたが、ハリマンの一件もあり彼の対日感情もまた悪化していきました。

対日戦略に影響を与えたロスチャイルド

第一次世界大戦は日本人にはあまり馴染みがないかもしれません。この戦争は、史上初の国家総力戦として欧州中が疲弊しました。1918年パリ講和会議でのベルサイユ条約により敗戦国のドイツにすべての責任と過酷な賠償を押し付け、それが第二次世界大戦の遠因となります。そして最も重要なのが、世界統一政府のさきがけとなる「国際連盟」が設立されたことです。

しかし国際連盟では、その構成員である国家の主権が制限されるため、米国はこの主権制限に強く反対する共和党議員たちにより孤立主義を建前として加盟を回避しました。この会議を先導したのが、フランスのジョルジュ・マンデル・ロスチャイルド、英国のロスチャイルド家の親戚フィリップ・サッスーン卿、そして米国のロスチャイルド家の代理人でウッドロー・ウィルソン政権の戦時産業局長官を務め、自身も大儲けした辣腕の投資家バーナード・バルークでした。

ここでもまた、他の勢力による統一政府樹立に向けた動き（国際連盟）を潰す、国際銀行家の動きが見られたのです。

1933年3月4日に発足したフランクリン・D・ルーズベルト大統領（自身もユダヤ系）の政権は、ロスチャイルドの影響を強く受けた「大統領の私設顧問団」の考えを斟酌してその政策を採否していたと言われています。そのメンバーの中心的人物は先述したロスチャイルドの代理人バーナード・バルークです。また、ヘンリー・モーゲンソーJr（1934年に財務長官就任）、フランシス・パーキンス労働長官（米国初の女性閣僚）、フェリックス・フランクファーター最高裁判事、サム・ローゼンマン判事など国際銀行家に近いユダヤ系の人が目立ちました。

1930年代後半、欧州戦線の戦局の目まぐるしい推移により、ルーズベルトの対日戦略はなかなか定まりませんでした。基本的には、大西洋のみならず太平洋にも十分な戦力を確保していく「両洋海軍」計画を準備しながら、あくまでも欧州のドイツの動向に注視し、そして慎重に米国世論の動向を気遣っていたのです。

フランスの降伏（1940年6月14日）後に実施された大統領選挙でルーズベルトは3選にあたって国民に「アメリカが襲撃されない限りは、あなた方の息子を海外のいかなる戦争にも送りこむようなことは決してしない」と約束しました。前年9月の世論調査で米国民の97％が欧州戦争参戦に反対していたからです。日本と違って米国では選挙公約は大変重いので、国民はその言葉を信じて投票したのです。

1941年6月22日、独ソ不可侵条約を破ってドイツがソ連に侵攻しました。共産主義に同情的なルーズベルトの本意は、ソ連と英国を助けるためにドイツと戦いたいが、選挙公約のために参戦できないので、大西洋でドイツを挑発しました。

しかし、1941年11月の時点で、ソ連を征服するまでは米国との戦争を避けると決めていたヒトラーは挑発に乗りませんでした。そこでルーズベルトは、日本に米国を先制攻撃させ、しかも程よい被害をあえて被ることで米国民を奮い立たせるよう仕向けることにしたのです。昭和13年の時点で、基礎資源の対米輸入依存度が石油82％、鉱油56%にもなっていた日本を米国が追い込むのは容易なことだったのです。

それを裏付けるように、英国海軍からの情報により、日本が真珠湾への奇襲攻撃計画を実行に移しつつあることが事前に察知されていました。そして、ハワイを除く前線基地に、「ここ数週間以内に日本が攻撃してくる可能性がある」と警告を発しました。奇襲攻撃2日前には、英国海軍本部もルーズベルトに「2日後、真珠湾が奇襲攻撃を受けること」を伝えてきました。

なお、日本に戦果を挙げさせるために米国本部によって情報封鎖され、文字どおり「不意討ちを食った」ハワイの現地責任者であるハズバンド・キンメル太平洋艦隊司令長官とウォルター・ショート・ハワイ方面陸軍司令長官は気の毒なことに「責任を取らされ」降格されたうえに予備役に回されました。米国政府が日本の動きをすべて把握したうえでのことですから、まさに敵を欺くには己から、といった徹底ぶりです。

対日戦が米国人に与えた影響

ここまで見てきたように、日本は政略・戦略的にみて米国の思うツボにはまり、さらに圧倒的な戦力差により負けました。ただ、実際の戦闘（戦術的レベル）では、日本軍将兵の戦意の高さ、死を恐れない果敢さ、天皇への忠誠心の高さは米国人の理解を超えたものでした。これが彼らに心底からの畏怖を与え、その後の一般市民を含む日本人への度を越えた攻撃の理由のひとつになったと言われています。

そして、昭和20年1月、対日強硬派のカーチス・ルメイ陸軍少将がグアム島第21爆撃集団司令官への着任以降は、戦時国際法に背いて非戦闘員である一般市民の大量殺戮が不可避となる無差別爆撃を行いました。

また、ナチスの原爆製造に対抗して、莫大な人的・物的資源を投入してやっと完成にこぎつけた原子爆弾の効果検証のために、広島・長崎の都市部に事前予告なく投下しました。もちろんこれも言うまでもなく戦時国際法に背いて非戦闘員である一般市民を大量殺戮したものです。彼らの日本人に対する恐怖の裏返しだったのかもしれません。

第四章

骨抜きにされた「天皇の国」

ＧＨＱによる骨抜きの実態

戦勝国となった米国が目論んだ占領政策は、昭和20年9月21日付けの「U.S. Initial Post-Surrender Policy for Japan（SWNCC150/4/A）（降伏後における米国初期対日方針）」に、「日本国が再び米国の脅威となりまたは世界の平和および安全の脅威とならないことを確実にすること」と明記されています。

つまり、前章でも述べたように、２６００年以上にわたり日本人にとって扇の要であった天皇（という機能）を、無力化させることが最大の狙いだったのです。

ＧＨＱはポツダム宣言受諾と降伏文書という特別法を、ハーグ陸戦条約という一般法より優先させ、日本の憲法をはじめ、さまざまな政治、経済、社会制度、さらにはこれらの制度や組織を支えた日本人の精神的・文化的側面にまで踏み込み、いわゆる「日本人の精神的武装解除」と呼ばれた大変革を行ったのです。

「国体（国のかたち）」とはつまるところその国民の精神性、精神の在り様です。彼らはそのことを実によく理解していたと思います。

このような、当時の戦時国際法の基本である「ハーグ陸戦条約」でいう交戦中の「一般占領」（占領国内においては占領国の法規を遵守する）や、第一次大戦後のライン左岸の「保障占領」（国際協定の履行を条件に解除する占領）などとも異なる、今までにない占領形態は「占領管理」と呼ばれました。

なお、米国極東軍司令官だったマッカーサーは、第二次大戦時、駐屯地フィリピンのマニラで日本軍の猛攻撃を受け、ルーズベルト大統領の命令によって部下を残したまま、幕僚たちとオーストラリアに脱出しています。もともと人種差別意識の強かったマッカーサーにとってこの逃亡は大きな屈辱になったと言われています。

占領管理の一環として、昭和20年11月、マッカーサーは幣原喜重郎首相に「五大改革指令」を命じました。すなわち、①婦人解放、②労働組合の助長、③教育の自由化・民主化、④秘密的弾圧機構の廃止、⑤経済機構の民主化です。

ところが、GHQによる日本の占領政策の本当の狙いは、思想家の安岡正篤によれば以下になります。それは、基本原則である「3R」、重点的施策である「5D」、そして補助政策としての「3S」です。ちなみに安岡は、この施策の本質をGHQのガーディナー参事官から直接聞いたと証言しています。

「３Ｒ」のRevenge（復讐）は、多大な犠牲を強いられた日本に対する復讐。Reform（改組）は、日本の仕組みをつくり替えること、そしてRevive（復活）は、独立を許す、です。

「５Ｄ」のDisarmamentは武装解除、Demilitarizationは軍国主義の排除、Disindustrializationは工業生産力の破壊、Decentralizationは中心勢力となった行政組織（とくに内務省）や財閥の解体、そしてDemocratizationは日本の国体を変えて米国的民主化をする、です。

最後の「３Ｓ」のSexは性の開放、Screenは映画の興隆で、これらによるエネルギーの発散場所としてSports（スポーツ）の奨励です。この「３Ｓ」を基本原則である「３Ｒ」、重点的施策である「５Ｄ」の潤滑油的な役割を期待して奨励しました。

次に、ＧＨＱの行った具体的政策について見てみましょう。少し細かいですが、日本人がＧＨＱの緻密な戦略のもと、どのように骨抜きにされていったかがおわかりになるかと思います。

今の日本人の考え方に最も大きな影響を及ぼしたものは、ＧＨＱによる思想工作です。ＧＨＱはこの思想工作を最優先に考え、戦争中の昭和20年4月20日には「Basic Plan for Civil Censorship in Japan（日本における民間検閲基本計画）」が策定されました。その目的は①言論統制、②宣伝工作です。

なお前者に関して、戦艦ミズーリ艦上での降伏文書調印の前日、9月1日には民間検閲支隊の先遣隊が横浜に到着したことは、あまり知られていないのではないでしょうか。そもそも、この思想工作こそ、ポツダム宣言第10条「……言論、宗教及思想の自由並に基本的人権の尊重は、確立せらるべし」に違反するものです。したがって、占領期間中を通じてＧＨＱの検閲機関の存在は秘匿され続けました。

民間検閲支隊（CCD：Civil Censorship Detachment）による検閲と民間情報教育局（CIE：Civil Information and Educational Section）による宣伝は、戦前の日本人の歴史観、道徳観をすっかり変えてしまいました。まさに米国は大戦後も続いた「見えない戦争、思想と文化の殲滅戦」に勝利したわけです。

①の言論統制について詳細に見ていきましょう。

米国統合参謀本部の命令（1944年11月12日付JCS873/3 太平洋・アジア地域における民間検閲についての統合参謀本部命令書）によりGHQは、昭和20年9月末からサンフランシスコ講和条約発効（昭和27年4月28日）までの6年7か月にわたって「日本新聞遵則（プレスコード）」や「日本放送遵則（ラジオコード）」、「新聞と言論の自由に関する新措置」を発令し、民間検閲支隊を使って徹底的な言論統制を実施し、連合国に不利不都合な記事を封印しました。

一例をあげると、GHQから配布されたと思われる昭和20年9月27日の天皇陛下とマッカーサーの会見記念写真が各新聞に掲載されたのですが、それはモーニングを纏った正装で直立不動の天皇陛下と軍服のまま腰に手を当ててリラックスしたマッカーサーとが並んで写ったものでした。さすがにこれは不敬と考えた内務省は、現行法に則りこれを差し押さえました。

ところが9月29日、「言論機関がいかなる政策ないしは意見を表明しようとも、新聞、その発行者、または新聞社員に対して、日本政府は決して懲罰的措置を講じてはならない」とする「新聞と言論の自由に関する新措置」が指令され、内務省の措置が

GHQにより覆されます。その結果、この写真を見た多くの日本人は、私の両親も含めて、敗戦を非常に強く実感することとなりました。

この「新措置」によって連合国に不都合な記事はすべて封じ込められます。また、国家に対する忠誠義務から解放された日本の言論機関は、連合国の「政策ないしは意見を表明する」機関とならざるをえなかったのかもしれません。

さらに、民間検閲支隊内に新聞映画放送部が新設され、主要新聞は事前検閲、それ以外の新聞はすべて事後検閲の対象となりました。また、あらゆる形態の印刷物、通信社、ラジオ放送、映画、宣伝媒体に属する娯楽も検閲を受けることになります。検閲によって削除が命じられた箇所は、墨で塗りつぶす、余白として残す、○○などによって埋めるといった方法を取ってはならないとされました。検閲の存在自体を徹底的に秘匿するためです。

「削除または掲載発行禁止の対象となるもの」として30項目からなる民間検閲支隊の検閲指針がまとめられました（この文書は江藤淳により米国国立公文書館分室で発見されたものです）。

その内訳は実に広範に及びます。少し長くなるのですが、列挙しましょう。

①連合国軍最高司令官（ＳＣＡＰ）批判、②極東軍事裁判批判、③ＳＣＡＰが憲法を起草したことに対する批判、④検閲制度への言及、⑤合衆国に対する批判、⑥ロシアに対する批判、⑦英国に対する批判、⑧朝鮮人に対する批判、⑨中国に対する批判、⑩他の連合国に対する批判、⑪連合国一般に対する批判、⑫満洲における日本人取り扱いについての批判、⑬連合国の戦前の政策に対する批判、⑭第三次世界大戦への言及、⑮ソ連対西側諸国の「冷戦」に関する言及、⑯戦争擁護の宣伝、⑰神国日本の宣伝、⑱軍国主義の宣伝、⑲ナショナリズムの宣伝、⑳大東亜共栄圏の宣伝、㉑その他の宣伝、㉒戦争犯罪人の正当化及び擁護、㉓占領軍兵士と日本女性との交渉、㉔闇市の状況、㉕占領軍軍隊に対する批判、㉖飢餓の誇張、㉗暴力と不穏の行動の煽動、㉘虚偽の報道、㉙ＳＣＡＰまたは地方軍政部に対する不適切な言及、㉚解禁されていない報道の公表となっています。

これほど広範な情報の検閲を徹底的にやった彼らのエネルギーは、想像もつかないほど凄まじいものです。逆に、彼らが日本人のことをそれほどまでに恐れていたと言えるかもしれません。

そして、その効果もまた絶大なものとなってしまいました。

次にGHQによる思想工作、②宣伝工作について述べます。

GHQの民間情報教育局は、War guilt information program（WGIP：戦争犯罪宣伝計画「戦争についての罪悪感を日本人の心に植えつけるための宣伝計画」）によって日本人に「大東亜戦争は人類に対する犯罪行為であった」という贖罪意識を植え付け、日本人の矜持と自尊心を奪い、日本古来の精神文化を葬って、日本が再び米国および連合国の脅威とならないよう無力化、弱体化し、米国に従うようになることを狙ってさまざまな宣伝工作をしています。

昭和20年12月8日（意図的に真珠湾攻撃と同じ日）からGHQの民間情報教育局作成による『太平洋戦争史』の連載が新聞各紙で、その翌日にはラジオ番組『真相はこうだ』が開始されました。そのなかで、日本の「軍国主義」の極悪非道さや日本軍の残虐性を煽り立てます。「軍国主義」と「国民」との間に架空の対立関係を導入し、悪い「軍国主義」が善良な「国民」を戦争に駆り立てたとすることで、今次大戦での日米両国の全責任を「軍国主義者」と、それを成り立たせた旧秩序にかぶせようとしたのです。

さらに、この『太平洋戦争史』の連載開始1週間後には、「大東亜戦争」の用語を公文書に用いることが禁止され、日本人の立場による大東亜戦争史観を封印し、連合国の立場による『太平洋戦争史』観が植え付けられていきました。

さらに、昭和20年12月31日には、修身・国史・地理の授業の即時中止を命令します。昭和21年4月、文部省は『太平洋戦争史』を国史等授業停止中の教材として使用するよう通達し、太平洋戦争史観が教育現場に浸透することになります。

そのほかにＧＨＱが行った占領政策で重要なものとして、「政治的・公民的および宗教的自由に対する制限の除去の件（覚書）」（人権指令）があります。思想、信仰、集会および言論の自由を制限していたあらゆる法令の廃止、政治犯の釈放、内務大臣・特高警察職員・警察部長などの罷免・解雇、特高の廃止。これにより非合法化されていた共産党が再建されました。

そして、戦前の日本を動かしていた人たちを根こそぎ失うことになった「公務従事に適しない者の公職からの除去に関する件（覚書）」（公職追放令）があります。ＧＨ

Qは25万人に及ぶ「軍国主義者」たちを追放し、天皇陛下のまわりを「平和主義者」で固めるという「意図」で実施しました。その結果、軍・政・官・財界から言論界・教育界・労働界にいたるまで各界の指導層はことごとく交代させられ、GHQの施策が円滑に行われる土台となりました。

天皇陛下の処遇

終戦直後、昭和天皇は臣下が戦争犯罪人として裁かれることを大変憂慮され、木戸幸一内大臣に「自分が一人引き受けて退位でもして収めるわけには、いかないだろうか」と仰せになりました。

昭和天皇について周到に予備調査し、終戦直後の9月27日には昭和天皇と会見したマッカーサーは、「日本統治のためには天皇の存在が不可欠」と確信し、合衆国政府に対して「天皇の戦争責任はいっさいない」と通知しました。それまで、ソ連と英国は天皇を戦争犯罪人として処罰することを強く要求し、米国政府も英国の意見に傾きかけていたのですが、マッカーサーの報告によって天皇を戦争犯罪人に含めることを諦めました。

古来、「祭りごと」と「政（まつりごと）」とは一体、つまり「政祭一致」です。明治の欽定憲法（大日本帝国憲法）下でも、天皇が「統治権を総攬」する、すなわち統治大権は天皇にありました。ただし、天皇は実際の「政」に携わられてきたわけではありません。逆に言えば、政治に携わらなかったからこそ、こんなにも長く万世一系を維持できたともとれます。したがって国体と政体というふたつには明確な区別が必要です。

明治以降の政体は、「立憲君主制」で、君主としての天皇は憲法を尊重し自らも憲法に規定されるご存在でした。天皇の統治大権は、国務大臣の輔弼（ほひつ／助言など）を要し、かつその責任は輔弼する大臣が負いました（第55条）。つまり帝国憲法上、今次大戦を含めて「政」に関して昭和天皇には法的責任はありません。

戦略諜報局（OSS：Office of Strategic Services）の前身である戦略情報局（COI：Coordinator of Intelligence）の調査分析部（R＆A）が１９４２年２月に作成した『日本の戦略的概観』という日本を詳細に分析した百科全書のなかで「天

皇」について「歴史的に皇室が七千万人の血と愛情を結びつける絆になっている」「憲法のもとで巨大な権力が天皇に集中し、憲法改正権も天皇のみにある。しかし彼は、他人の助言に従い行動するだけである。天皇の名によってなされる行為は、彼の助言者・保護者の決定であり、天皇はとがめられることはない」「日本本土の歴史は四世紀に遡り、皇統に連なる天皇による支配が続いているとしながら、実際の政治権力は、最初は貴族に、後にヨーロッパ封建制に似た封建武士によって、というように多くの異なるグループにより握られてきた」と実に的確に捉えています。（加藤哲郎『象徴天皇制の起源』）

戦前、昭和天皇は、輔弼する内閣の上奏した事項には、たとえそれがご自分の本意と異なっていたとしても最終的に裁可されました。対米戦開戦にあたっても再三（立憲君主のお立場を弁えられて）、間接的に開戦回避の意向をお伝えになりましたが、それでも政府は開戦を上奏したため、最終的に天皇はそれを裁可され開戦となったのです（64年の在位中、昭和天皇が政策決定に明確に関与されたのは、二・二六事件の際とポツダム宣言受諾のご聖断の2回だけです）。

まさに「昭和史の前半は、畏れながら平和を希求あそばす昭和天皇が、大御心をつつしんで承らぬ軍部の暴走をどのように鎮め、正道をすすませるかのご苦慮ご苦心の歴史であった」（出雲井晶『昭和天皇』）という状況だったわけです。

今上陛下も「昭和の時代は、非常に厳しい状況の下で始まりました。昭和3年、1928年昭和天皇の即位の礼が行われる前に起こったのが、張作霖爆殺事件でしたし、3年後には満州事変が起こり、先の大戦に至るまでの道のりが始まりました。第1次世界大戦のベルダンの古戦場を訪れ、戦場の悲惨な光景に接して平和の大切さを肝に銘じられた昭和天皇にとって誠に不本意な歴史であったのではないかと察しております」（平成21年11月　天皇陛下ご即位二十年に際して）と仰せです。

昭和天皇はマッカーサーとの約束でご自身はその会見内容について口外されることはありませんでした。一方のマッカーサーは、会見のあと今後のことを考えて大いに心を痛めました。なぜなら、昭和天皇が「すべての事は私の名のもとになされたのだから、私が全責任をとる。だから、東郷や東條や重光らを罰さずに、私を罰せよ」とおっしゃったからです。このことは、当時、通訳を務めたフォービアン・バワーズ少佐（戦後の混乱期に歌舞伎の存続に大きな貢献をしたことでも知られる）が、後日明かしています。（出雲井晶『昭和天皇』）

憲法上ご自身に帰さないはずの責任を、すべての日本国民に成り代わって一身に引き受けられようとした昭和天皇にマッカーサーは大きく心を揺さぶられたのです。

また、日本側の通訳として天皇陛下のお供をした奥村勝蔵元外務次官は、のちに会見の模様を次のように語っています。

「陛下は（筆者注：マッカーサーの）机の前まで進まれ挨拶の後、次の二つのことを述べられて私がその通訳に当った。

『今回の戦争の責任は全く自分にあるのであるから、自分に対してどのような処置をとられても異存はない。次に戦争の結果現在国民は飢餓に瀕している。このままでは罪のない国民に多数の餓死者が出るおそれがあるから、米国に是非食糧援助をお願いしたい。ここに皇室財産の有価証券類をまとめて持参したので、その費用の一部に充てて頂ければ仕合せである。』と陛下が仰せられて、大きな風呂敷包を元帥の机の上に差し出された。

それまで姿勢を変えなかった元帥がやおら立上がって陛下の前に進み抱きつかんばかりにして御手を握り、『私は初めて神の如き帝王を見た。』と述べて陛下のお帰りの時は、元帥自ら出口までお見送りの礼をとったのである」(出雲井晶『昭和天皇』)

その後、天皇陛下はしばしばマッカーサーの元を訪れ、世界のさまざまなことについて話し合われました。そしてマッカーサーは「天皇は私が話し合った、どの日本人よりも民主的な考え方をしっかり身につけられていた」と述べたのです。

マッカーサーによる新憲法成立

マッカーサーは、ポツダム宣言第12条に反して(本来であれば政権樹立後は撤退しているはずなのに)、10月4日に東久邇宮内閣の近衛文麿国務大臣(元首相)に憲法改正、治安維持法廃止、政治犯釈放、思想警察廃止などを指示しました。これに反発して翌日総辞職した東久邇宮内閣のあとを受けた幣原喜重郎内閣にも憲法改正を指示。そして25日、松本烝治国務大臣を委員長とする憲法問題調査委員会を設置して、憲法改正の準備をすすめます。翌昭和21年1月、松本委員長は「憲法改正私案」を、さらに手を加えて小改正の「憲法改正要綱」（松本甲案）と大改正の「憲法改正案」（松本乙案）として2月8日、甲案のほうをGHQに出しました。

一方のマッカーサーは、連合国による日本管理のために設置が発表された最高政策決定機関である「極東委員会」（日本に厳しい姿勢を示していたソ連、オーストラリアを含む11か国の委員からなる）が発会されると、天皇制の廃止を要求される恐れがあるため、それまでに自分たちで憲法改正草案を出したいと考え、極東委員会の発足3日前となる2月3日に憲法草案の基本思想となる三原則「マッカーサー・ノート」（原文はレターサイズ1ページ）をGHQ民政局に示しました。

〈マッカーサー・ノート概要〉

●象徴天皇

天皇は国家元首の地位にある。皇位は世襲される。天皇の職務および権能は、憲法に基づき行使され、憲法に表明された国民の基本的思想に応える。

●戦争放棄

国権の発動たる戦争は廃止する。日本は紛争解決のための手段としての戦争、さらに自己の安全を保持するための手段としての戦争をも放棄する。日本はその防衛と保護を、今や世界を動かしつつある崇高な理念に委ねる。日本が陸海空軍を持つ権能は、将来も与えられることはなく、交戦権が日本軍に与えられることもない。

●封建制度の排除

日本の封建制度は廃止される。貴族の権利は、皇室を除き現在生存する者一代をこえて及ばない。華族の特権は、今後どのような国民的または市民的な政治権力を伴うものではない。予算の型は、英国の制度に倣うこと。

このマッカーサー三原則を受け、民政局は英国、米国の憲法とポツダム宣言や「SWNCC（国務省・陸軍省・海軍省調整委員会）－228文書」を参照しながら、1週間ほどの作業で草案を完成させ、マッカーサーによる手直しの後、2月13日に「マッカーサー原案」が松本甲案に対する回答というかたちで日本政府に手交されました。この「原案」には、マッカーサー三原則を受けた三大原理、すなわち「国民主権」「基本的人権の尊重」「平和主義」が盛り込まれました。

マッカーサーの意思は堅く、日本政府の反論はいっさい許されず、同月22日、政府は受諾しました。

その後、「原案」を基にして日本政府が巻き返しを図って政府案を3月4日にGHQに提出。ところがGHQの押し返しは厳しく、翌日までにほぼ元の「原案」どおりのものに戻されてしまいました。それが、その翌日「憲法改正草案要綱」として公開され、マッカーサーもこれを了承するのです。

4月16日には口語化した「憲法改正草案」が政府案として承認され、その後、GHQと極東委員会の厳格な統制のもと、枢密院、衆議院、貴族院での可決を経て「修正帝国憲法改正案」として10月29日枢密院で可決、同日に天皇陛下の御裁可後、明治天皇誕生日の11月3日「日本国憲法」として公布されました。法的手続きとしては大日本帝国憲法第73条に基づき天皇のご提案により修正したことになります。

なお、余談ですが戦前の四大節は、次のとおりです。四方拝（1月1日）元旦、紀元節（2月11日）神武天皇の即位の日、天長節（4月29日）昭和天皇の誕生日、明治節（11月3日）明治天皇の誕生日。

当時の吉田茂首相は、国民への浸透を図るためにも、新憲法公布をこの四大節のどれかに当てはめたかったそうです。当時、天皇陛下という存在への国民の意識が、まだまだ高かったことがうかがえます。

日本国憲法（現憲法）が、連合国とくに米国政府による「日本の再起の可能性を断つ」という意図のもと、ＧＨＱに指示して作らせたことは国民に広く認識されていると思います。ただ実際は、国際法から逸脱したポツダム宣言を受諾した日本に対して、徹底的な制裁を望むソ連やオーストラリアなどの意見が反映されると、さらに厳しい干渉が予想されていました。米国はそれを回避するために、早々にＧＨＱ案を日本政府に呑ませたかったという状況でもあったのです。そういう意味では、奇しくもＧＨＱが、さらなる徹底制裁を主張する国々に対しての風除けとしての役割を果たしたことは認識すべきだと思います。

いずれにしても、こうして日本国憲法（現憲法）は、国民が天皇を中心として家族のように暮らしていた国柄をなくし、「精神的武装解除」を企図してイチから作り直されたのです。

憲法改正の前にすべきこと

これは私なりの解釈ですが、やはり法治国家の根幹である憲法の中身の良しあしの問題と、非常に理不尽な状態でそういうものを発布するようになったという策定の動機の問題を、分けて考えるべきだと思います。もし仮に現憲法の中身が百パーセント完璧で、旧憲法から手続き的に正しく「改正」されたものであったとしても、その策定の動機が誤っていたのであれば、もう一度正しい方法で策定し直すべきじゃないかという議論はあってもいいと思うのです。

つまり、今「憲法改正」を考えるのであれば、一度、現憲法を正しいプロセスを経たものにする。それが筋論としては正しい。そのためには、実現可能かどうかは別として、日本国が降伏を受け入れることになったポツダム宣言の受諾までは戻って考えなければなりません。憲法はその国の人間が自主的に制定すべきです。一度、旧憲法に戻し、正しい動機、すなわち国民が今まで述べたような事実を理解し総意として現行憲法がよい、と確認したあとにしかるべき手続きを経て現行憲法を採用するのが筋道であると理解しておくことが重要だと思います。

現実には、憲法施行から70年近くもたってしまっているし、連合国が決めた戦後世界の体制に異を唱えるのは摩擦が生じ、筋論どおりでは実際的でなく、現憲法の改正になるものと思いますが、筋論は筋論としてキチンと理解しておかなければいけないと思います。憲法論議はいろいろあっていいと思いますが、事実確認だけはきちっとしておいて、その事実を踏まえたうえで議論しないと不毛でしかありません。

理解すべき大事は何かというと、結局、たいへん残念ながら現実的には世界というのは「力こそが正義」であるということを認識することです。

歴史上、国際社会が「無理が通れば道理が引っ込む」ということを実際にやってきたのを知ることでもあります。世界の常識としては「力こそ正義（Might is Right）」なので、国際法は必ずしも遵守されません。というより、そもそも国際法自身が、まさに弱肉強食の世界で覇権を争った列強が、貪欲に領土拡張を行ってきたなかで、お互いの利害調整を図って積みあげた「法律」でした。したがって、必然的に「力こそ正義」の論理のなかで、さらなる力により変えられる（踏みにじられる）性質を内在しています。

サンフランシスコ講和条約発効後にも真実を知りながら、GHQの工作から抜け出す努力をせず、対症療法的な手続きに終始してきたがゆえに、日本は、先の震災のような危急時に即応できない弱国になってしまったように思うのです。そして、その危機を救ってくださった天皇陛下への心底からの感謝を十分に表現できないような国になってしまったのです。

枢軸国の処遇「差」

戦後の処遇について、ほかの枢軸国ドイツ、イタリアはどうだったのでしょうか。東西に分割されたドイツは、西ドイツが11の連邦州議会代表者からなる「議会評議会」によって1949年5月8日、暫定憲法である「ドイツ連邦共和国基本法」を採択し、同23日に公布しました。これに先立って各連邦州首相たちは連合国から憲法の即時改正を要求されましたが、「占領下での憲法改正は国際法上認められない。ドイツが統一されたあとにドイツ国民の意思によって改正を行う」と筋を通してきっぱりと返答しました。

この対応は、さすがに昔からよく戦争をして勝ったり負けたりを経験しているドイツです。負けても卑屈にならずに堂々と言うべきことを言って、理屈に合わないことは断固拒否したわけです。

さらにドイツには、日本と違って交渉相手にソ連がいませんでした。しかも大変賢明なことに基本法の最終条である第１４６条「基本法の有効期限」に、「ドイツの統一と自由の達成によって、全ドイツ国民に適用されるこの基本法は、ドイツ国民が自由な決定によって決議する憲法が施行される日に、その効力を失う」と限時法であることを明示しています。

一方、昭和20年9月2日ポツダム宣言受諾と降伏文書（休戦協定）調印がなされた日本では、交戦後の占領ということで、交戦中の占領軍にのみ適用されるハーグ陸戦条約は適用されないことになりました。本来であれば、サンフランシスコ講和条約の発効した昭和27年4月28日までは交戦中のはずなのですが、日本には反論の余地はありませんでした。また、仮に適用されるとしても、ポツダム宣言受諾と降伏文書という特別法は、ハーグ陸戦条約という一般国際法に優先するという解釈がなされました。日本は、いくところまでいってしまっていたので、ポツダム宣言という従来の国際法から逸脱した条件（通告）であっても、これに抗うことができないところまで追い込まれていたのです。

それでも、日本政府はポツダム宣言第12条「日本国国民が自由に表明した意思による平和的傾向の責任ある政府の樹立。これが確認されたら占領は解かれる」に、国体護持が含意されているものと解釈してこの宣言を受諾しました。

先述したように戦勝国間の熾烈な政治的駆け引き（日本を共和制へと国体改変をねらう極東委員会による干渉を防ぐために、米国が先手を打って日本政府が至急かつ自主的に新憲法を制定したように演出する必要があった）のなか、ＧＨＱの圧力下でポツダム宣言から逸脱して「改正」させられました。このことは当然ながら、「占領下での憲法改正は認められない」という国際法からも逸脱しています。

南出喜久治『占領憲法の正體』によれば、大日本帝国憲法第75条は「憲法及皇室典範ハ摂政ヲ置クノ間之ヲ変更スルコトヲ得ス」、すなわち天皇陛下自らが天皇大権を行使できない状況においては憲法改正ができない、と謳っています。したがって天皇大権それ自体が否定され、独立を奪われた軍事占領下においてはなおのこと憲法改正はできないことになり、この75条にも違反しています。つまり占領憲法は、国内系の正統憲法としては認められないが、76条第1項により、国際法系の講和条約の限度で認められると考えられます。

なお、このような「力」による降伏受諾の条件であるポツダム宣言からも逸脱した現行憲法の成立過程の法理については、当然ながら議論がなされてきました。しかし、「主権が天皇から国民に移っているために憲法改正に一定の限界がある」とする「憲法改正限界説」も、「改正手続きが正しく行われれば主権の所在を変更することも可能であるから、主権の移動は問題でない」とする「憲法改正無限界説」も、そもそも降伏受諾の条件であるポツダム宣言の規定から逸脱したことに目をつぶり、靴に足を合わせるような不自然な議論をしているとしか思えません。

他方、イタリアでは、1943年、国王ヴィットーリオ・エマヌエーレ三世らが連合国と極秘に休戦交渉を行い、首相ベニート・ムッソリーニを解任、ピエトロ・バドリオを新首相としました。そして9月8日、連合国に対してバドリオ政権が正式に降伏し休戦協定を受け入れます。しかし一方、ドイツはムッソリーニを救出して北部にイタリア社会共和国（サロ政権）を樹立させ、10月にイタリア王国がこのイタリア社会共和国に宣戦布告したことで内戦状態になりました。

この時点でイタリア王国は連合国の旧敵国であり、連合国の正式な同盟国ではなく共同参戦国という立場となり、枢軸国と戦うこととなりました。

こうして大戦末期に共同参戦国となっていたイタリアは、大戦後も連合国に国体をいじられることなく、1946年6月2日に自分たちで王制の是非を問う国民投票を行い、そこで選出された議員による制憲議会によって1947年12月22日新憲法「イタリア共和国憲法」が採択され、王制から共和制に移行しました。


繰り返しになりますが、国際法上は、「戦争（戦争状態）」は、交戦国間に締結された平和（講和）条約が発効する時点において終了とします。したがって、日本にとって第二次世界大戦が法的に終結したのは、日本と連合国との間のサンフランシスコ講和条約が発効した昭和27年4月28日です。


やはり世界も「勝てば官軍、負ければ賊軍」なのです。

いま思い出すのは子どものころ、テレビの西部劇で白人たちがインディアン*を殺して土地を奪っていくのを誇らしげにしているのを観て、「どうしてよそ者の白人が、ずっと昔から住んでいたインディアンたちを虐めて彼らの土地を盗っていいんだろう？」と、とても不思議に思ったことです。長じて渡米したとき、現地の書店で彼らの子ども向けの歴史の本を何冊か入手しましたが、そこには、もともとインディアンがいたこと、イギリスが北アメリカに植民地を建設したこと、18世紀後半以降にフロンティアの西進と「独立戦争」、1890年の「フロンティアの消滅」といった具合に、土地を追われ絶滅させられかけたインディアンの立場を一顧だにすることなく、まるで他人ごとのように書かれていました。まさに「力こそ正義」の論理が幼少時から教育されているように思います。

なお、1607年イギリス人たちは、初めてこの大陸の現在のバージニア州にジェームズタウンという足場を築きました。その町ができた土地にもともと住んでいたインディアンの首長の以下の言葉がこの白人たちの特質をよく表しているので、多少長くなりますが引用します。

――「私は、自分の国のだれよりも、平和と戦争のちがいをよく知っている。なぜあなたたちは、愛によって静かにえられるものを、力ずくで奪いとろうとするのか？　あなたたちに食べる物を提供しているわれわれを、なぜ滅ぼそうとするのか？　戦いによってなにがえられるというのだろう？　なぜあなたたちは、われわれをねたむのか？　われわれは武装していないし、あなたたちが友情をもって接してくれるなら、望むものを差し出したいと思っている。そのうえ、あなたたちイギリス人から逃げ、森の中で寒さに震えて横たわり、かたい木の実や根のようなみじめなものを口にし、食べることも眠ることもままならないほど追い回されるよりも、うまい肉を食べ、安らかに眠り、妻や子どもたちと穏やかに暮らして、あなたたちイギリス人と笑って楽しく過ごし、銅や手斧を交換するほうがはるかにましだ、ということがわからないほど無知ではないのだ」（ハワード・ジン『学校では教えてくれない本当のアメリカの歴史』）

いま私たちは、かつてのインディアンが苦渋を味わされたのと同様に、同じ人たちから圧力を受けています。

「東京裁判史観」の浸透

まず、法律や条文を読むときには「立法（条文を発案した）趣旨は何か」を意識することが先決です。当然のことながらサンフランシスコ講和条約の条文は、別に戦勝国が日本のためを思い日本によかれと思って書いたものではありません。虎視眈々と日本との戦争を準備し、想定したとおりに戦って完敗させた、日本の完全再起を願わない戦勝国の意図（先述した米国の占領政策の目的である、3R・5D・3S）に沿って書かれたものです。まさに、Revengeに相応しい私刑（リンチ）の様相を呈しています。

米国は戦争の勃発に自分たちも関与していること、戦争の早期終結のためとは言いながら自分たちも国際法違反の民間人の大量殺戮を行っていながら、故意に日本側だけに責任転嫁しているように見えます。

東京裁判の起訴状は、次の3つの訴因により成ります。①「平和に対する罪」つまり戦争を起こしたことの罪、②「交戦法規違反」つまり戦争犯罪、③「人道に対する罪」。前のふたつは、日米ともお互いさまです。次の3つ目が問題で、ナチスがユダヤ人に行ったホロコーストと同じような罪が日本にもあっただろうと予断を持っています。もちろんこのような事実はまったくありませんでした。むしろリトアニア領事館の杉原千畝が1940年ナチスに迫害された6000人にも及ぶユダヤ人難民にビザを発給して救済し「日本のシンドラー」と呼ばれたことはよく知られています。

先述したように、「新聞と言論の自由に関する新措置」の一環としての事前検閲の指針「削除または掲載発行禁止の対象となるもの」に、この「極東軍事裁判批判」が含まれていたので日本国民は裁判に対する一切の論評を禁じられていました。そして、日本は裁判の被告席に座っている「軍国主義者」の指導によって満洲事変以後、国家を挙げて近隣諸国に侵略行為を行ってきた、と信じ込まされ続けました。これがいわゆる「東京裁判史観」の前提となりました。

したがって、「東京裁判史観」なるものの字句の細部にこだわるのではなく、筋として国際常識に則って解釈しなければなりません。これまでは、「東京裁判史観」の位置づけを正しく理解できぬまま、論語読みの論語知らずになっていたわけです。

史実を直視して「いま」に活かす

われわれ日本人は、「負ける戦争をすることになってしまった」歴史を客観的に理解し、正すべきは正し、これからの国造りに活かさねばなりません。

まずは、「いま」があるのは「いま」につないでくれた人たちや、英霊のお陰であることを知る必要があります。

今上陛下は常々おっしゃっています。

「この戦争により、それぞれの祖国のために戦った軍人、戦争の及んだ地域に住んでいた数知れない人々の命が失われました。哀悼の気持ち切なるものがあります。今日の日本が享受している平和と繁栄は、このような多くの犠牲の上に築かれたものであることを心しないといけないと思います」（平成11年11月　天皇陛下ご即位十年に際し）

戦後行われた東京裁判を含む戦勝国の施策は無批判に受け入れるのではなく、国際

法的な整合性の有無を考えることが肝要です。

日本は開国以来、交戦経験が少なく、敗けたときの心得がまったくありませんでした。そのため敗戦後のＧＨＱによる措置に対して是々非々でなく、日本人特有の恬淡さで素直に受容してしまったのです。

神意から考えて神がつくり給うた人間は、国・民族・地域を問わず、一人の例外もなくすべて意識の進化という存在意義をもって生かされています。どの民族は偉くて、どの民族は虐げられ、どの民族は消えてもいいなんていうことはありえません。日本人も例外ではありません。

かつて自分（日本）が人さま（連合国）に「負ける戦争をした」という「過ち」（戦争に至った是非ではなく、「敗戦すなわち賊軍」という「力こそ正義」の現代世界の実情に則った表現）をしたからといって、ＧＨＱがその全人格を否定し、文化を殲滅するような所業は明らかに神意に反しています。

人（国）は誰でも時には誤ります。そのときに世間の常識（国際法）に従って当人（日本）が悔い改め（領土割譲、賠償）、業が解消（平和条約を結び再び国交回復）されるよう英知を傾けて国際法を作ってきたのです。

今次大戦では、連合国も枢軸国ともども非戦闘員を含めて人類史上前例のない数の人々が戦死傷しました。最後まで戦った日本は、戦勝国の怨念のエネルギーを引き受けざるを得なかったことと思います。そういう意味で戦勝国の仕置きが、従来の国際法を逸脱したポツダム宣言、サンフランシスコ講和条約、GHQによる日本文化の改造という極端な結果になったと考えざるを得ません。

彼らに神道的な「すべてを水に流す」というようなことを期待するわけにはいかないでしょう。

しかし、それでも人類が国際法のなかに設けた「アムネスティ条項」の重みを嚙み締める必要があります。戦争の終結としての講和に際して、平和条約のなかに「交戦法規違反者の責任を免除する規定」、すなわち「国際法上の大赦」を意味する「アムネスティ条項」を設けるのが通例でした。このような「全面的忘却＝すべてを水に流すこと」の精神に基づくアムネスティ条項は、戦争による国家間の怨念のエネルギーを鎮めるために必要とされてきました。

ところが残念ながら東京裁判では、国際法の英知が活かされることはついにありませんでした。

今次大戦も、時間とともに怨念のエネルギーは鎮まっていくでしょう。我々は現実のなかで生きていくことを考えねばなりません。江戸時代末期に「開国」を迫られてから明治維新、日清・日露戦争から今次大戦までとその後の歴史を謙虚に総括して、なぜ今のような日本になってしまったのか理解する必要があるのです。

戦後教育の問題点「日本の自殺」

昭和50年、『文藝春秋』2月号誌上に「日本の自殺」という一文が掲載されました。日本の保守派知識人「グループ1984年」によって書かれたこの論文は、日本が自らの内部から崩壊していくことを予言しました。当時の土光敏夫経団連会長に感動を与え、第二臨調のバックボーンとなります。この論文は、内部崩壊の予兆をローマ帝国の滅亡に見いだしました。

「国民が利己的な欲求の追求に没頭し、難局を自らの力で解決することを放棄するようになり、しかも指導者たちが大衆迎合主義に走った時、国家が自殺する」

ローマ帝国の自壊プロセスとしては、「世界の心臓部の繁栄↓豊かさの代償としての放縦と堕落↓共同体の崩壊と大衆社会化状況の出現↓「パンとサーカス」という「シビル・ミニマム」の要求↓増大する福祉コストとインフレとローマ市民の活力の喪失↓エゴと悪平等主義の氾濫↓社会解体」と進みました。今の日本と比べてみると「インフレ」のかわりに「デフレ」という以外はことごとく当てはまります。

そしてこの著者が述べる「自殺のイデオロギー」のなかで、日本教職員組合（以下、日教組）に代表される戦後「民主教育」は、差別反対、人間平等の名のもとに、画一主義と均質化をもたらしたことを指摘しています。

そもそも生物である人間は、この世界において個としての多様性により、種族として生き延びられるようつくられています。したがって、戦後「民主教育」の目指す方向は、この生物としての人間が本来進むべき方向とまったく反対を向いているのです。

現在、東京裁判史観が生き続ける要因のひとつは学校教育にあります。

ＧＨＱは、「五大改革指令」に則って、日本の「民主化」と「労働組合の結成奨励」

を推進し、教育に手を入れました。そして、かつての「軍国主義」「国家主義」の教育思想を追放するため、下記の「教育に関する4つの解体指令」を出しました。

①「日本教育制度に対する管理」に関する覚書(昭和20年10月23日)。「軍国主義的極端なる国家主義的イデオロギーの普及を禁止すること」。これを助長する目的を持って作成された箇所の削除を求められ、教科書は墨で消された。

②「教育および教育関係官の調査、除外、認可」に関する覚書(昭和20年10月30日)。「軍国主義的思想、過激なる国家主義的思想を持つ者」等の教育界からの追放を要求。

③「国家神道・神社神道に対する政府の保証、支援、保全、監督並びに弘布の廃止」に関する件(昭和20年12月15日。いわゆる「神道指令」で、国家と神道の分離を要求。

④「修身、日本歴史および地理停止」に関する覚書(昭和20年12月31日)。

こうして「公職追放令」が教育者にも及び、戦前の思想を堅持する教師12万人が追放されました。その後、昭和20年12月に全日本教員組合が結成され、22年6月に共産主義を支持する派閥と社会主義を支持する派閥との合同により日教組となりました。またCIEは、文部省への対抗勢力として日教組を支援するとともに、文部省の権力分散を狙って「教育委員会」*（都道府県と市町村の二層構造）をつくらせました。

ところが共産主義者が勢力を伸ばしすぎたために、昭和22年2月、共産主義者の教員を5000人レッドパージして方針転換を試みたものの、いったん進んだ時計の針は元に戻ることはありませんでした。（勝岡寛次『占領体制と日教組の出自・経歴』）

なお、日教組が手本にしていた教育は、ウラジーミル・レーニンの妻のナジェージダ・クループスカヤの「ソビエト教育学」です。その主張は、革命の邪魔となる「家族」の解体と、子供は国家集団で育てる、というものです。「教師は生徒たちの自主的学習を援助する、経験と知識に富んだ年長の友達にほかならない」と、いわゆる「子供中心主義（ゆとり教育）」を唱え、価値観の押し付けはよくないといって道徳教育にも反対しました。また、男女に肉体の差はないというジェンダーフリーも推進しています。

このような教育理論を実践したソ連の教育現場は、いじめや校内暴力、学級崩壊、青少年の犯罪などが急増し手がつけられない状態になり、「ソビエト教育学」は、1920年代半ばにレーニンの後釜についたヨシフ・スターリンによって一掃されました。

つまり戦後、本家であるソ連ではとうに廃れた教育を、日教組や国立大学教育学部がそっくり受け継いだのです。そして彼らは「東京裁判史観」による歴史教育を基軸に据えています。

さて、日教組のイデオロギーの支援をしている教育界は、いまだにこのようなソ連の教育思想から抜け出せていませんが、同じ構図はほかの学者の世界にも見られます。具体的には、どの学会であっても、ある学者が「自分の学説は間違いだった」と認めたならば、自分の立場がなくなり、その業界で生きていけなくなるという実に現実的で単純かつ利己的な理由によるものです。そうして意地でも自説を曲げられなくなり、それを次世代に再生産していかざるを得ないという構造的な問題として誤りが温存されてしまうのです。

日本共産党の志賀義雄も「武装闘争などする必要はない。革命は教育で達成できる。共産党が教科書を書き、日教組教師が教育すれば数十年後の日本人は皆、共産主義に近づく」と述べたと言いますが、果たしてそのとおりになったのかもしれません。

日教組の責任転嫁

日教組は、第二次世界大戦とヒモづけることで国旗（日章旗）・国歌（君が代）に反対しています。しかし、この行為は世界的に見ても不自然である以前に、日本国民として責任逃れをしています。ちょうど万引きをした犯人が自分の心がけの悪さを棚にあげて自分の手のせいにするようなものです。あるいは親が放蕩息子の矯正をする努力を怠り、自分は関係ないと放蕩息子を勘当するようなものです。

つまり、戦前の日本の政体はクーデターによってできたものではなく、大正14年以降は普通選挙で「25歳以上の男子」による投票で選ばれた者たちでできていました。したがって、「国を誤った責任」は彼らが言うところの「下（民衆）に対する上（権力）」のみに帰するものではなく、国民一人ひとりが負うべきものなのです。

負ける戦争をしてしまったことは、その後の「世界の平和と人類の福祉」（教育基本法前文）への貢献というかたちで挽回すればいいし、できることはそれしかないのです。国民としての自分たちの責任を棚上げし、他人事のように「戦争は悪だった」として責任の一端を日本の国旗・国歌に転嫁するのは筋違いです。マッカーサーとの会見で、全国民に成り代わってご自身お一人で責任を被ろうとなされた昭和天皇をほんの少しでも見習ってほしいものです。

子犬や子猫の尻尾を彼らの鼻先に持っていって手を放すと、自分の尻尾を咬もうとしてクルクル回りますが、まさに今の教育は、このように「事実を見ない歴史認識」を刷り込まれた子どもの無限の再生産になってしまっています。

前世紀、70年にわたる実験でうまくいかなかった社会主義体制の残滓を今に引きずることの不自然さもさることながら、長い歴史のなかで日本人が築いてきた営みの否定と破壊という悪意に満ちた負の想念は明らかに神意にもとるものです。お天道さまはちゃんと見ています。どうあがいても逃げられません。この世に生を受けた理由に思いを致し、どうか静かに胸に手を当てて、勇気をもって内なる声に素直に従ってしつかり改心してほしいものです。

「歴史・伝統・愛国心・独立自存心」の破壊

ＧＨＱの要請により昭和21年8月に内閣総理大臣の所轄のもと「教育刷新委員会」が設けられました。このメンバーは、昭和21年3月に来日した「日本派遣アメリカ合衆国教育使節団」に協力するために文部省につくられた南原繁東京大学総長を委員長とする「日本側教育家委員会」を前身としています。

「教育刷新委員会」が作成した「教育基本法案要領等」をもとに戦後教育の理念を審議し、文部省、大蔵省、法制局などから議論百出の末、昭和22年2月28日の第25回総会でようやく「教育基本法案要綱」が成立しました。そして、3月4日の閣議決定により「教育基本法案」となり、第92回帝国議会を経て昭和22年3月31日、教育基本法制定となりました。

前文に続き、教育の目的、教育の方針、教育の機会均等、義務教育、男女共学、学校教育、社会教育、政治教育、宗教教育、教育行政、そして補足の11条からなっています。当時は、GHQの圧力のもと、「主権在民」の理念に沿って、「歴史・伝統の尊重」「愛国心の育成」「自主独立の精神の涵養」などを捨てて一から作りました。その目的は、「人格の完成をめざし、平和的な国家および社会の形成者として、真理と正義を愛し、個人の価値を尊び、勤労と責任を重んじ、自主的精神に充ちた心身とともに健康な国民の育成を期す」というものでした。

しかし、時を経るに従い、国民教育に最も大切な、歴史・文化の流れのなかに生きる個人の存在基盤としての国を認識するため、「歴史・伝統の尊重」「愛国心の育成」などが見直されてきているのは周知の事実です。個人的には、さらに日本古来の「敬神崇祖(神を敬い、先祖を崇める)」の生き方、先祖あっての自分であり、子孫のためを考えながら生きる、ということを思い出してほしいと願ってやみません。

昭和天皇は、昭和20年8月9日の御前会議で鈴木貫太郎首相に御思召を伺われてお言葉を宣われました。

「わたしの任務は、祖先から受け継いだこの日本という国を子孫に伝えることである。今日となっては、一人でも多くの日本国民に生き残ってもらい、その人たちに将来ふたたび起ち上がってもらうほかに、この日本を子孫に伝える方法はないと思う。それにこのまま戦争をつづけることは、世界人類にとっても不幸なことである。もちろん、忠勇なる軍隊の武装解除や戦争責任者の処罰など、それらの者はみな忠誠を尽くした人びとで、それを思うと、実にしのびがたいものがある。しかし、今日は、そのしのびがたきをしのばなければならないときだと考えている。わたしは、明治天皇の三国干渉のときのお心持ちも考え、わたしのことはどうなってもかまわない。たえがたいこと、しのびがたいことではあるが、この戦争をやめる決心をした。」

また、戦争終結の詔書にて「……宜しく擧國《きょこく》一家子孫相傳《あいつた》え、確《かた》く神州の不滅を信じ、任重くして道遠きを念ひ、總力を将來の建設に傾け、道義を篤くし、志操を鞏《かた》くし、誓って國體《こくたい》の精華を發揚《はつよう》し、世界の進運に後れざらむことを期すべし……」と、お述べにもなっておられます。

現在の教育現場では、子どもたちがこれらの慈愛に満ちたお言葉に触れる機会はないのが実情なのです。

GHQに廃止された教育勅語

明治維新後、新設された文部省は、明治5年5月「学制」を施行しましたが、性急な西洋文明追随のなかで、その狙いは旧来の道徳教育を軽視した、「学問は身を立つるの材本」という西洋文明の模倣を主とした功利主義的なものでした。このような教育の在り方を深く憂慮された明治天皇は、儒教的考えをもとにして明治11年に教学刷新についての示唆を与えられ、明治15年には侍講の儒学者元田永孚に、のちに「教育勅語」の原点になったといわれる子どもの教訓書「幼学綱要」の編纂を命じられました。欧化主義の世にあって道徳教育の方針確立が急がれたのです。

明治23年6月、天皇の命により山縣有朋内閣の芳川顕正文相のもと、法制局長官井上毅と元田永孚が中心となって「教育勅語」の草案を作りました。井上はフランス留学の経験もありリベラルな考えを持っており、草案が立憲主義に則り、国民の思想や宗教の自由を侵さないように細心の注意を払いました。その結果、政治色・宗教色を排し、権力の押しつけでなく、ご自身がまさに徳を実践されている天皇自らが国民に語りかけるお言葉としての勅語のかたちをとるべきものと考えたそうです。その後、井上・元田の徹底した推敲後、山縣・芳川の手を経て天皇の要望を承り、万全を期して閣議決定に至り、明治23年10月30日、「教育に関する勅語（教育勅語）」として発布されました。

その後、文部省は50年余にわたってこの「教育勅語」をわが国の初等から高等教育に至るまで、宗派・学説を問わず万人が認める徳目とし、教育全般の心柱として教育を統制しました。そして学校での道徳教育は「教育勅語」に沿って行われました。このように宗教と切り離された道徳教育は、世界初のものだったようです。

日露戦争に勝利後、日英同盟を結んでいた同盟国英国が文部省に「教育勅語」の講演依頼をしてきました。元東京帝国大学総長で元文部大臣の菊池大麓男爵は、明治40年ロンドン大学で「教育勅語」の連続講演会を25回にわたって行い、翌年同じロンドンで開かれた第1回世界道徳教育会議でも政府代表北条時敬は、「日本の諸学校における徳育」について講演し、いずれも大反響を呼びました。そして、日本の教育勅語と修身教科書は世界中に広がり、今に至るまで文明国の道徳教育の模範になっています（小池松次『教育勅語と修身』）。このように「教育勅語」で謳われている徳目は先進国で共有されたのです。

ちなみに欧米における道徳教育は、教会による倫理教育が担っていました。したがって、日本人の中にはいとも簡単に「自分は無神論者だ」と言ってしまう人がいますが、国際社会においては神を信じず道徳を一切無視する人でなしとみなされ、嫌われるので注意が必要です。

ＣＩＥは、「軍国主義」的教育をやめさせるためさまざまの施策を打ちましたが、「教育勅語」については扱いに苦慮しました。明治天皇の「教育勅語」そのものは至極真っ当なものでしたが、超国家主義的解釈と天皇の神格化に結び付いた扱われ方が、戦後という微妙な時期には問題でした。そのようななかで、昭和21年1月1日に昭和天皇は、「新日本建設に関する詔書」、いわゆる「天皇の人間宣言」を煥発されました。

CIEはこれで満足したのですが、日本人の精神的武装解除を徹底するためにも「教育勅語」をやめさせたい米国国務省とGHQ民政局は、衆参両議院の文教委員長に指示し、とうとう昭和23年6月19日、衆参両議院で順次、「教育勅語」の廃止が決議されました。

昨今、親を殺したり、先生を殴ったりする子どもたちの話を聞くと、戦前に大人だった自分の親や、真剣に子どもたちに向き合った小学校時代の先生方を思い出し、幼少時の道徳教育とそれによって育まれる秩序の大切さを痛感します。

同じく明治天皇が示された素晴らしいお考えに「四海同胞」があります。

海軍兵学校50期と51期生たちは、大正9年に鈴木貫太郎校長（終戦時の首相）の薫陶を受けました。鈴木校長は、従来の教育方針に対し、鉄拳制裁の禁止、歴史および哲学教育強化の改革を断行し、「武士道」の大切さを説きました。また、明治天皇が日露戦争の折に詠まれた、次の御製を引用しました。

四方の海皆はらからと思う世になど波風の立ちさわぐらん

その狙いは、「四海同胞」の精神を生徒たちに教えることにあり、人を大切にする精神を学んだ生徒たちのなかから、のちに昭和17年3月、スラバヤ沖海戦により海上を漂流する敵の英国兵士422名を、危険(当時、この戦闘海域では日本船舶に対して連合軍による無制限潜水艦攻撃命令が出ていた)を顧みず困難な救出を敢行する、駆逐艦「雷《いかづち》」(乗組員220名)の工藤俊作艦長のような人が輩出されました。この英断は、世界海戦史上特筆すべきことであり、教育の重さをひしひしと感じます。

この明治天皇の御製は、昭和16年9月6日の対米戦争決定の御前会議で戦争回避を強く望まれた昭和天皇が、出席者を前にして二度詠まれたことでも有名です。

鎖国政策をとってきた日本は、国内の争いはあったものの、ごく一部の例外を除いて国の進退をかけて他国と戦争をしたことはありませんでした。したがってごく限られた藩が海外と貿易を行っていたケースを除いてほぼ自給自足経済で、他国との積極的な交流を必要としていませんでした。

ところが列強による開国以後、列強の力の政治外交の世界に組み入れられ、遅れてきた帝国として最後は第二次世界大戦に敗れ、その結果、日本を心底畏怖した連合国によりその占領中に、日本が再び立ち上がることのないよう国の仕組みをことごとく強制的に改変されました。

創造主の摂理は、この世（現象界）というトレーニングの場で、ポジティブとネガティブという二項対立のかたちでものを見せることで私たちに意識の進化を図られているようです。そのため、近代の歴史のなかで戦争を盛り上げることでお金を儲けるという一見たいへん無慈悲な国際銀行家という存在も、人類全体の意識の進化のために必要な役割で、人類の意識が上がっていけば将来的には当然力が落ちていくものと思われます。

＊北アメリカ大陸に住んでいた人々の呼称は、当事者の意向を尊重して「インディアン」とします。1970年代に盛んになった権利回復要求運動を背景に、1977年、インディアン代表団は国連先住民会議で「我々の民族名はインディアンである」と決議表明を行っています。なお、「インディアン」を、アメリカ内務省の出先機関である「BIA（インディアン管理局）」が1960年

代に使い始めた「ネイティブ・アメリカン」「アメリカ先住民」という呼称で言い換えることは「インディアン」という民族を故意に無視・差別・侮辱することになりますので注意が必要です。

＊昭和31年には、教育委員会委員の公選の廃止、教育予算権限を教育委員会から首長へ移行、教育長（教育委員会事務局という行政組織の長）の任命承認制度の導入などを盛り込んだ地方教育行政法が制定されました。さらに平成11年、教育長が教育委員会メンバーへ参入することが決まり、これにより、教育委員会は行政組織から独立した組織ではなくなりました。

そして、一部の自治体では、日教組による組織的な活動がなくなったにもかかわらず教育委員会・同事務局による現場介入や統制強化が目立ってきました。

第五章

天皇陛下の国、日本

「天皇陛下は何をしてらっしゃるの?」

小学6年生の社会科の教科書が手元にあります。小学6年生の社会科教科書の『世界の中の日本』(日本文教出版)のなかにある「天皇陛下」に関する記述は、次のとおりです。

日本国憲法と天皇

明治時代に定められた大日本帝国憲法では、天皇に主権がありました。日本国憲法では、主権は国民にあり、天皇は日本国や国民のまとまりの象徴(しるし)であると定められています。天皇は国の政治についての権限はいっさいもたず、憲法に定められている仕事(国事行為)を、内閣の助言と承認に基づいて行います。

憲法に定められた天皇のおもな仕事

国会の指名に基づいて内閣総理大臣を任命する。

内閣が指名した最高裁判所の長官を任命する。
国会を召集する。
衆議院の解散。
内閣の助言と承認に基づき、法律や条約を公布する。
外国の代表者と会う。
勲章などを授与する。

また、お写真の補足として「福祉施設を訪問される天皇と皇后。憲法で定められた以外の仕事も多くあります」とも書かれています。

ここで大きな疑問があります。教科書のどこにも天皇陛下の最も大切なお仕事である「国の平和と国民の安寧を願って祈られる」ことが明記されていないのです。

皇室の在り方について紀宮清子内親王が『ひと日を重ねて』でこうおっしゃっています。

――「私の目から見て、両陛下がなさってきた事の多くは、その場では形にならない目立たぬ地味なものの積み重ねであったと思います。時代の要請に応え、新たに始められたお仕事も多くありましたが、他方、宮中での諸行事や一年の内に最少でも十五、陛下はそれに旬祭が加わるため三十を超える古式装束をつけた宮中三殿へのお参りなど、皇室の中に受け継がれてきた伝統は、全てそのままに受け継いでこられました。以前皇后様は、今後皇室のあり方は変わっていくかとの質問に対し、『時代の流れとともに、形の上ではいろいろな変化があるでしょうが、私は本質的には変わらないと思います。歴代の天皇方が、まずご自身のお心の清明ということを目指され、また自然の大きな力や祖先のご加護を頼まれて、国民の幸福を願っていらしたと思います。（著者注：まさに神道《かんながらのみち》の実践です）その伝統を踏まえる限り、どんな時代でも皇室の姿というものに変わりはないと思います』と述べておられます。累々と受け継がれてきた伝統を守ることと人々の日常に心を添わせることが、少しの矛盾もなくご生活の中に入っている、そのような日々を重ねておられることが、象徴としての存在である陛下、そして皇后様に人々がリアリティを感じている由縁ではないかと思われます」

「陛下がおっしゃる『国民と共に』、また皇后様がおっしゃる『心を寄せ続ける』

という言葉はそうした積み重ねの中からお二方が見出された皇室の在り方であったと思われます」

紀宮さまのお話からも、天皇陛下がどれほど国民に寄り添って一生懸命に祈りを捧げられているかがよくわかります。だからこそ、これからを担う子どもたちにその現状を知らせ、また天皇陛下がいかに海外の元首たちに尊敬され、影響力を持たれているかをきちんと教えるべきではないでしょうか。

そのほか、中学3年生の社会科教科書『あたらしい社会・歴史』（東京書籍）には、驚くべきことに、戦後の天皇陛下に関する記述はありません。同じく、社会科の教科書『あたらしい社会・公民』（東京書籍）には、日本国憲法の基本原理のなかで、「『象徴』としての天皇」の記述として、「日本国憲法では、天皇は主権者ではなく、日本国と日本国民統合の『象徴』となりました（憲法第1条）。天皇は、政治についての決定権をもたず、憲法の定める国事行為のみを行います。天皇の国事行為には、すべて内閣の助言と承認が必要です」と憲法上のことのみが書かれ、先の小学校の教科書と同じく宮中祭祀をはじめとする憲法にないことは一切書かれていないのです。

このような紋切り型で心の入っていない教科書では、本当に大切なことは何も伝わらないでしょう。

詳細は第四章で述べていますが、戦後教育で育った世代が官庁、大学、マスコミなどの中枢を占めるにつれ、GHQの見込みどおり、国を軽んずる風潮が顕著になっているのです。たとえば、昭和52年7月、文部省が学校教育の基本である「小・中学校学習指導要領」を全面改訂し、「天皇についての理解と敬愛の念を深める」などの字句を削除したことが挙げられます。この改訂でいわゆる「ゆとり教育」の開始も決まりました。

さらに教科書の憲法条文解釈にこだわれば、「日本国憲法では、天皇は主権者ではなく……天皇は、政治についての決定権をもたず、憲法の定める国事行為のみを行います。天皇の国事行為には、すべて内閣の助言と承認が必要です」となっていますが、裏を返すと天皇が内閣の助言と承認を得た国事行為をされなければ、内閣総理大臣や最高裁判所長官の任命もなされず、国会の召集や衆議院の解散もできず、法律や条約の公布もなされないのです。つまり天皇が国事行為をされなければ国民は「主権」を実施できないのです。

日本国憲法では、マッカーサー三原則（「マッカーサー・ノート」）を受けた三大原理のひとつである「国民主権」が第1条で謳われています（ちなみに他のふたつは、「平和主義」と「基本的人権」）。ここで主権という言葉の実質的意味について考えると、わが国では「権力的主権」と「権威的主権」のふたつの側面があると思います。これは、立憲的意味の憲法のなかった明治維新以前もはじめて成文憲法ができた明治以後も実質的には同様で、わが国では「権力的主権」と「権威的主権」は分かれ、双方が補完し合ってひとつとして機能していました。つまり、わが国においては、このふたつの側面をもつ主権は、王と民といった西洋のような対立構造ではなく、あくまでも一如だったわけです。

古事記の「国譲り」に、高天原《たかまがはら》におわす天照大御神《あまてらすおおみかみ》と高木神《たかみむすびのかみ》の命を受けた使者の神が、素戔嗚尊《すさのおのみこと》の子孫で地上の支配者であった大国主神《おおくにぬしのかみ》に「汝のうしはける（支配領有する）葦原中国《あしはらのなかつくに》（日本）は、我が御子（皇孫）のしらす（高天原《神》の心と繋がり、それを民と分かち合う）ところの国ですと言っていらっしゃいます」と言い、これを受けて大国主神が子供たちの意見を聞いて、国を皇孫に譲ることにし、その後、天孫降臨がなされました。つまり、天皇は、自らは祭事を執り行い（権威）、直接政治（権力）にたずさわられないという天皇統治の原型がここにあるのです。

歴史を振り返ってみると、平安時代の約４００年間と江戸時代の２６０年間が長い平和の時代でした。この時代の特徴として、権威と権力の分離があります。権力を平安時代は公家の摂関政治が、江戸時代は武家の幕府政治が担いました。一方、権威は天皇が実質的に象徴天皇としておわしました。そして思想的には平安時代は神仏習合、江戸時代は神仏儒の習合でそこから生活規範としての武士道も体系化されました。

話をもとに戻せば、日本国憲法第1条で謳われる主権は、国民に「権力的主権」が、そして第3条、4条、7条の国事行為をはたすことで天皇に事実上「権威的主権」があると考えられます。ＧＨＱ草案第1章「天皇」を担当したリチャード・プールも「意義ある役割を期待した」と述べています（平成13年12月17日　毎日新聞社説）。またプールは、マッカーサーが「マッカーサー・ノート」の中の1. Head of the stateの意味として「立憲君主」（著者注：大日本帝国憲法下でも明治天皇・大正天皇・昭和天皇とも実質的に立憲君主）のことを言っているのだと思った、と述べています（第147回国会参議院憲法調査会）。

実質的に、天皇以外（大日本帝国憲法では議会・国務大臣・元老重臣会議。日本国憲法では国民）に権力としての「主権」があり、天皇には権威としての「力」があるという意味で大日本帝国憲法と日本国憲法に類似性が見られます。

天皇皇后両陛下の日々のご活動

天皇陛下は日々、どのようなことをなされていらっしゃるか。

繰り返し申し上げますが、天皇陛下は祈る人です。神をお祀りする日本の最高の神主です。今上陛下は、日本国と日本国民統合の象徴としての天皇の在り方を誠実に考えてこられました。天皇陛下のなされるお仕事は、「国事行為」「公的行為」「その他の行為（私的行為）」に分けられます。そして、国民の幸福を祈願される皇室祭祀は、現行法上「その他の行為」に位置付けられています。そのあたりを確認する意味でも、宮内庁のホームページの「天皇皇后両陛下のご活動」をもとに、一部を掲載させていただき謹んで私見を述べさせていただきます。

①国事行為などのご公務

天皇陛下は、内閣の助言と承認により、国民のために、憲法の定める国事に関する行為を行われます。詳しい内容はこれまで述べたとおりですが、国の重要なことは、内閣総理大臣・最高裁判所長官の任命や、法律や条約の公布については天皇陛下の御名御璽《ぎょめいぎょじ》をいただいて、また国会の召集や衆議院の解散は天皇陛下の「おことば」をいただいてはじめて施行できるのです。したがって、皇后さまや皇太子を代理として立てにくい仕事も多く、とにかく多忙を極められます。

②行幸啓

今上陛下は、皇后陛下を伴われることが原則になっていらっしゃるので行幸啓になります（陛下単独の場合は「行幸」と呼ばれます）。両陛下の都内へのお出ましは、毎年のものだけでも、全国戦没者追悼式、日本学士院授賞式、日本芸術院授賞式、日本国際賞授賞式、国際生物学賞授賞式などがあります。

両陛下は、ご即位後15年で、47都道府県をすべてお訪ねになりました。このように全国すべての都道府県を回られたのは、歴代天皇のなかで今上陛下が初めてです。

「平成3年の雲仙普賢岳噴火、平成5年の北海道南西沖地震、平成7年の阪神・淡路大震災、平成16年の新潟県中越地震、平成19年の新潟県中越沖地震の際には、いずれも、現地の事情が許し次第、現場に赴かれ、犠牲者を悼み、被災者を慰め、救援活動に携わる人々を励まされました」。現地の方々が孤独と絶望のなかにあるときに、両陛下がお出ましになり、お言葉をかけられることにより自分たちが独りぼっちでない、見守られているのだという気持ちになり、大いに勇気づけられたということです。

その後も、被災地の復興状況に深いご関心をお寄せになり、関係者の報告をお受けになってこられました。「東日本大震災関係では、平成23年3月から5月にかけ、7週連続で避難所および被災地をご訪問になり、被災者をお見舞い」になられたのは述べたとおりです。

また、平成12年来、地震、噴火による災害のため離島を余儀なくされた三宅島島民のことをお心にかけてこられ、翌年7月には新島、神津島を訪れられ、災害状況をご視察になり、島民をお見舞いになられました。このとき、お帰りのヘリコプターから三宅島をご視察になりました。また、避難した島民が働いている東京や下田の避難生活支援施設を訪問し、励ましていらっしゃいました。平成18年3月には、帰島後1年を迎えた三宅島をご視察になり、島民を励まされました。

両陛下は、平成6年、復帰25周年を経た硫黄島・父島・母島へ御行幸啓になられました。「硫黄島では日米合わせて3万人近くの人命が失われ、いまだに1万柱以上の遺骨が地下に眠っていることに心を痛めております」とお述べになっています。

また、戦後50年に当たる平成7年には、長崎・広島・沖縄・東京（都慰霊堂）へ、それぞれ、慰霊のために赴かれました。

多くの国民が犠牲になったときは心から哀悼し、さらに幾年にもわたりそこから再起する姿を見届けようとする姿勢は、まさに祈る人のお姿そのままと言えるのではないでしょうか。

③宮中祭祀

天皇皇后両陛下は、皇太子同妃両殿下の時代から、宮中三殿（賢所、皇霊殿、神殿）における祭祀を大切にしてこられました。古くから伝わる祭儀を忠実に受け継がれ、常に国民の幸せと繁栄を祈っておられます。

先述したように、実は、この宮中祭祀こそが古来より代々天皇陛下がなさってこられた行事で最も大切なものです。両陛下の一年は、元旦早朝から執り行われる「四方拝」に始まります。神嘉殿南庭で伊勢神宮、山陵および四方の神々をご遙拝になられます。その後、宮中三殿に移られて年始を祝われる「歳旦祭」が行われます。その後、巻末にあげたさまざまな祭祀が執り行われます。これらの祭祀は天皇陛下自らが祭主となられ、「御告文《おつげぶみ》」を読み上げられる「大祭」と、掌典長（一般の神社の宮司にあたる）らが祭祀を行い、天皇陛下が礼拝される小祭があります。

本当に、「祈る天皇」はわが国にとって、何ものにも替え難い比類なき存在でした。ところが敗戦後、GHQは「国家神道、神社神道ニ対スル政府ノ保証、支援、保全、監督並ニ弘布ノ廃止ニ関スル件」（いわゆる「神道指令」）によって、このような国と国民の平和と幸福をご祈念されて行われる宮中祭祀を皇室の私的な行事にしてしまったのです。

④式年遷宮

続いて、毎年の行事ではないものの、皇室の長い伝統に関連した非常に重要な行事として、皇祖神天照大神を祀る伊勢神宮の「式年遷宮」について述べます。ニュースなどでもたびたび取り上げられたので、耳にした方も多いのではないかと思います。

式年遷宮は今年で実に62回目になります。20年に一度、内宮《ないくう》・外宮《げくう》のふたつの正殿、14の別宮のすべての社殿をそっくりそのままそれぞれ隣に新調して神座を移し、国も人も若返るという「常若」を祈る行事です。神宮は生きているのです。遷宮の33祭事の中核となる、三種の神器の一つ八咫《やた》鏡をはじめとするご神体を新しい正殿に移す遷御は28番目となります。

この遷御は一般非公開で、午後8時から、天皇の勅使による出御《しゅつぎょ》の合図により神職の列が暗闇の境内を進み、ご神体を新正殿に移します。前回、この遷御で3人のうちのひとりとして松明係に選ばれた人の話では、「それまで神々しく輝いていた旧い神殿が、ご神体が新しい神殿に移された瞬間に輝きを失い古色蒼然となってたいへん驚いた」とのことでした。

前回の平成5年の遷宮にあたり、皇后陛下は御製を詠まれています。

――御遷宮の夜半に
秋草の園生に虫の声満ちてみ遷りの刻次第に近し

両陛下がいかに皇祖に思いを寄せていらっしゃるか拝察いたします。

「私たちとは違う」天皇陛下

私自身は、大正生まれの両親の皇室に対する崇敬の念を子どものころから見てきました。両親がテレビで皇室の番組をよく観ていたので一緒になんとなく観ていましたが、たしかに子どもの目から見ても気品、威厳、落ち着きなどまったく違う世界の方々だということがわかりました。こういう方々が日本の顔として海外の人たちと接していかれるのだろうなと思いました。少なくとも、父が時々観ていた国会中継なる大人の学級会みたいなのに出てくる粗野なおじさんたちとはまったくちがうな、こういう人たちでは代わりは務まりっこないだろうな、と子ども心に思ったのをよく覚えています。

子どものころじっとしているのが苦手で、母に連れて行かれた理髪店でついキョロキョロ頭を動かすとあとで「あなたより幼い浩宮さまは散髪の間中ずっとじっとされて動かれないのよ。あなたも見習いなさい」と言われ、「んー、そう言われたって生まれ育ちが違うよ」と心の中で思ったものです。

そんな「私たちとは違う」天皇陛下のおかげで、前出の東日本大震災の件だけでなく、日本はこれまでに何度も命拾いをしてきたのです。そして震災時には、多くの国民が幼少期から漠然と感じていた天皇陛下の想像を超えた力、そして世界における存在感を目の当たりにできたはずなのです。

米国大統領が最高の礼装であるホワイト・タイ（燕尾服に白い蝶ネクタイ）で出迎える相手は、世界中で3人。それはローマ法王、英国女王、そして日本の天皇だけ、ということはご存じでしょうか。

慎しやかなご生活

戦後、皇室財産*は純然たる私有財産以外、すべて国有財産にされ、皇室の経費は予算に計上して国会の議決を経ることとなりました。皇室の土地であった御料地は国有林に戻され、ほかの皇室財産も国の財産に転換されました。つまり、経済力を奪われてしまったのです。

敗戦時、昭和天皇が「国民を救ってほしい」とマッカーサーのもとに持参された皇室の有価証券の類いも現在は限られたものをお持ちになられているだけです。明治天皇が「生活苦で医療を受けることができずに困っている人たちを施薬救療によって救おう」と思召され、桂太郎首相に下賜金を賜われて恩賜財団済生会が創設され、全国に済生会病院が建てられましたが、このような裁量もおできにならなくなったのです。

ちなみに、皇居の暖房は、20度とずいぶん控えめに設定されているそうです。冬のある日、当院での検査の折に医師団が気にして室温を高めに設定していたところ、陛下から「何度ですか」とご下問がありました。担当医が「24度です」とお答えしたところ、陛下が「うちでは20度にしています」と仰いました。私たちは、はっとして慌てて室温設定を下げました。天皇陛下は、少しでも省エネを、とお心遣いされていらっしゃるのでした。

日露戦争の戦勝により列強と肩を並べたと国民は慢心し、私生活では奢侈に傾き、一方、地方では地主と小作の関係の悪化や労働争議により疲弊も目立ち始めました。こうした状態を憂慮された明治天皇は、明治41年、国民への戒めとして、「戊申詔書《ぼしんしょうしょ》」

を発布され、国民の勤勉・質素倹約を説かれたのですが、この戒めを今上陛下も実直に実践されていらっしゃることを痛感させられた一事でした。

＊昭和22年に、皇室財産の土地2億１００万平方メートルのうち、1億７４２０万平方メートルが払下げとなり、残り２７１９万平方メートルが国有の皇室財産となりました。平成14年年度末現在の皇室財産の土地面積は２４６６万平方メートルです（「衆憲資第13号『象徴天皇制に関する基礎的資料　最高法規としての憲法のあり方に関する調査小委員会』平成15年2月」）。昭和22年の皇室財産の国への移管以前、昭和20年11月に箱根・桂・武庫の3離宮と那須金丸ヶ原・富士山麓大野ケ原・岡崎郊外高師ケ原の土地が自治体や国に下賜されました。

第六章 そして、これから

帝国主義世界の実相

ここまで、明治維新以降の日本が列強の織りなす帝国主義の「力こそ正義」の利己主義世界に放り込まれ、日清・日露戦争から今次大戦での敗戦、そして、その後の米国を中心に日本がいかに改変されたのかをつぶさに見てまいりました。

そもそも帝国主義とは、被支配地域の人々にとって、あとから見れば「侵略」行為であったことは明らかです。少なくとも今次大戦の戦地になった被支配地域の人々から紳士的に「支配」を依頼された国はありません。

今次大戦は、被支配地域にとってみれば、アジア・アフリカをすでに侵略していた国々（連合国：ロシアだけは近隣諸国を侵略済み）が、「当時の帝国主義世界の趨勢に則って自衛のため」新たに近隣諸国の侵略に乗り出した侵略新参国（枢軸国）を打ち負かしたものだと言えます。つまり、被支配地域の人々にとって、あとから見れば、勝者（連合国）も敗者（枢軸国）も侵略国であることに変わりはありません。

ここで「あとから見れば」と繰り返しているのは、当時、被支配地域の住民を精神的および政治経済的に統合して国として支配国に対抗し得たところはなかったという現実を強調したものです。つまり「侵略」とは、後付けの言葉です。

一方、枢軸国側はすぐに戦線を離脱したイタリアを除いて、ドイツと日本とでは事情が異なると思います。日本としては言い分があって、先に述べたように当時の世界にあって合法的に手に入れた領土（関東州）と居留民を護るために、満洲（関東軍の独断専行はあったが）とシナ、そしてまたＡＢＣＤ包囲網（経済制裁）により供給の途絶えた資源を得るために白人が暴力で占拠していた南方（フランス領インドシナ、オランダ領東インド）に戦線を拡大したのです。なお、それまで誰も全体を実効支配したことがなく日清戦争後に合法的に日本の領土となった台湾は別です。

さらに言えば、当初、白人に代わってアジア人である日本人が入ってきたことで熱狂的に迎えられたものの、統治者、あるいは戦況の悪化に伴って日本軍の態度にも余裕がなくなり、最後は支配地域によっては民心が離れていったというのが実情のように思います。つまりこれが結果です。それが歴史です。後付けで断罪するのではなく、事実を認識して「これからどうしていく」という視点が重要です。支配されたという民族感情への対応と国の営みとしての政治外交とは分けて考えるべきです。

アジアに限ってみても、枢軸国で最後に残ったわが国の降伏後も、英国はインドの、フランスはフランス領インドシナの、そしてオランダはオランダ領東インドの支配を継続しようとしたために第二次世界大戦中に民族意識の芽生えた被支配地域から抵抗を受けました。そして結果的にそれぞれ独立を認めることとなりました。

これが弱肉強食の帝国主義の世界の実相です。今日の視点からみるとたいへん理不尽で残酷に見えるでしょうが、人類の歴史のなかではその時代の必然で、こういう時代を経る試練により人類全体の意識の進化に繋がったわけです。独立した被支配国があとから見た「侵略」という行為の事実と、その「侵略」という行為が行われた時代背景を考慮した「行為そのものの是非」という意味付けとは同列で論じるべきものではありません。

歴史は勝者によってつくられる

歴史が常に勝者によってつくられるのは、今次大戦も例外ではありませんでした。彼ら戦勝国は、当然ながら自分たちの侵略の歴史を恬として恥じるところはありません。もちろん侵略した国々に謝罪などもしません。そこまでは「その時代の必然」ということでよいのですが、自分たちのことは棚に上げて、日本など遅れてやってきたくせに生意気だと言わんばかりに、敗戦後の日本に国際法無視、事後法で何でもありの「極東国際軍事裁判」のような埒外のことを行ったという点で今次大戦の侵略先進国の行きすぎは目に余るものがあります。

繰り返しますが、「その時代の必然」ということを考えたときに、過去に遡って断罪する事後法は、法律的に間違っているだけでなく、時間軸が一方向であるこの世の本質からいっても摂理に反しています。したがって「極東国際軍事裁判」は当然誤りです。

また、「国際連合（国連）」が1974年の第29回総会で決議した「侵略の定義」も、時代を遡って敗戦国の日本とドイツの行為のみを侵略とするのは「あとから見た」事実の一部（戦勝国の侵略が抜けている）ではあっても、時代は逆行させられないので歴史的意味を持ちえません。現実的に侵略を「侵略」と参加国すべてで認識したことが実際に前向きに役立ってこそ意味を持ちますが、現実の世界は「侵略の定義」を決議した国々が相変わらず「力こそ正義」の横車を押し続けている有り様です。

天皇陛下も、「国外では平成になってからですが、ソビエト連邦が崩壊し、より透明な平和な世界ができるとの期待が持たれましたが、その後、紛争が世界の各地に起こり、現在もなお多くの犠牲者が生じています」（平成21年4月　天皇皇后両陛下御結婚満50年に際して）とご案じになっていらっしゃいます。

私は、まず善悪にとらわれる前に、事実を客観的に見てほしいと思います。そして私たちが被支配国にしてきたことと同時に、戦勝国が自分たちの理屈で私たちやほかの被支配国にどのようにどのくらい理不尽なことをしてきたかも理解することが大切です。繰り返しますが、事実を知ることです。そしてそれらの事実が生じた時代背景をよく斟酌して意味付けすることです。そうでなければ、たとえば、さらに昔までさかのぼって英国は「海賊の国」、米国は「盗人の国」（1000万人のインディアンを武力・謀略・疫病により皆殺しにしてその広大な土地を一切合財奪った人々の国）と単純に断罪することも妥当ということになってしまいます。

国際社会で生きていくために

日本人は、もともとさまざまな民族が極東のこの島にやってきて1万年以上暮らしてきたので、どうも自分を外から客観視することが苦手のようです。「敗戦国だから何も言えない」という大和男児的な潔さは、残念ながら国際社会の常識とはまったく相容れません。日本がこの弱肉強食の世界で生き延びるためになしてきた行動の評価を、アジアに対しては「自分たちは加害者という『悪』」、列強に対しては、「自分たち『悪』い日本を懲らしめてくれた『善』」と単純化して責任論に走るのではなく、現実世界で生きる人間の不条理さという歴史の必然性の事実を噛み締め、これからに向けて客観的かつ理性的に総括して最良の答えを出す努力が必要だと思います。

アジアの方々には、帝国主義の時代のなかで、あとで考えれば道義的には気の毒だったと思います。しかしそれは食うか食われるかの帝国主義時代にあって生き延びるために必死だったのが実情であったと思います。法律的・政治的には、列強の築きあげた国際秩序のなかで「国際法」（現実にはしばしば無視されますが）に則り、今を生き延びる現実的な対応をしていかなければなりません。

なお、この章のはじめにも述べましたが、今の世界の体制（戦勝国が言うところの「戦後の秩序」「歴史認識」「結ばれた条約」「国連」やそこから派生するさまざまな機構や仕組み）は、当然戦勝国によりつくられているので、場をわきまえずいきなり表立って声高に否定し「本当のこと」を言ったところで、押し返されるのは当然です。このへんのところは政治家にはよくわきまえてほしいものです。


ロシアが極東をうかがい朝鮮への侵略を企てていたとき、朝鮮はそうした危機に対応せず、内乱に明け暮れていました。そこで日本の国防上の必然性と、朝鮮のなかの日本統治を希望する勢力へ対応するように日韓併合を断行しましたが、これは福澤諭吉が予見したように双方にとって結果として余計なことでした。

この日韓併合によって政治・経済・文化・社会的インフラの整備を行いましたが、朝鮮が一片の感謝どころか怨嗟しか持たなかったという結果をみると、彼らの精神構造を理解せずにかかわったことが結果として失敗だったのかもしれません。起こった事実を評価して、そこから今後どのようにそれを生かすかが大切です。つまり、本当に事実を認識して「反省」するなら、東西冷戦の終わった現在、このような国々との付き合いは相当慎重にすべきです。最低でも距離をとるべきです。

日本人としては大いに抵抗感がありますが、欧米のような現実的に生きていく厚かましさがどうしても必要だと思います。日本そのものが壊れてしまっては、「世界の平和と人類の福祉」（教育基本法前文）への貢献もできません。ここでも自利あっての利他です。

なお、同じ「加害者」でも、インディアンの土地を奪って建国した米国の人たちや、ひとつの大陸のなかで土地を盗ったり盗られたりしているヨーロッパの人たちは、しょっちゅう戦争をしているためか、日本人のように情緒的に加害者意識を持ち続けることがないように見受けられます。あるいは、先述した学者たちのように、「自分たちのやってきた間違いを認めるわけにはいかない」という、実利的な感情や理由が大きいのかもしれませんが、誤解を恐れず言えば、その自己本位の傍若無人ぶりの一部分でも見習いたいものです。

先述したように、現在の日本国憲法は、国際法や降伏条件となったポツダム宣言から逸脱した経緯により成立した憲法なので、独立回復後、その存否の解釈をめぐってさまざまな議論が生じました。

現実的にみると、強い復讐心のもと、国際法、ポツダム宣言、降伏文書を一切無視して日本の共和化に突っ走ろうとする連合国（米国を除く）を食い止めるために、マッカーサーが行った厳しい現実策としての占領軍制定の憲法（占領憲法）である「日本国憲法」は、サンフランシスコ講和条約までを乗り切ったという意味で日本を救ったことは間違いありません。つまり、これも先ほど述べましたが、大日本帝国憲法第76条の講和条約の限度で認められる「占領時の暫定基本法」としての機能を果たしたといえるでしょう。

しかし、その内容は日本が連合国（実際は米国）の保護国である、というものであり、基本的には現在もそのままの内容です。現行憲法では、世界というさまざまな国々が弱肉強食の生存競争を繰り広げるなかで、国が独立国として存在するための前提となる生存権、つまり自衛戦争の権利と自衛戦力の保持が否定されています。日本が戦争を放棄しても、戦争は日本を放棄していません。

今次大戦を通じ、米国は目算どおり日本を骨抜きにすることに成功しましたが、大戦後すぐに東西冷戦が始まり、大変な苦労をすることになりました。また同時に、国共内戦が繰り広げられたシナ大陸では中国共産党を力づかせ、とうとう昭和24年10月1日に中国共産党の独裁国家、中華人民共和国が建国されました。なお、国際銀行家は当然この大陸の共産化を予見していたようです。

一方、GHQの公職追放令により、日本の言論界や教育界から戦前の伝統的な考え方をする人々は一掃され、代わりに唯物論者や転向者が浸潤したことで、逆にやがてGHQは安全保障体制を含めて彼らにより厳しく攻撃されることとなりました。

遅まきながら米国政界には「シナ大陸保護のために日本を誅滅したつもりが、実際には東アジアの共産化を防いでいた日本を崩壊させて、結果的に東アジアの過半を共産化させてしまった」とする反省が急速に広まり、日本を東アジアの反共の砦＝米国の同盟者として再建する、と対日方針の大転換が行われました。いわゆる「逆コース」と言われるものです。そして、昭和25年6月に朝鮮戦争が始まると、日本は産業の復興により前線の西側諸国を支える兵站基地となりました。

日本はサンフランシスコ講和条約と同日（昭和26年9月8日）に署名された「日本国とアメリカ合衆国との間の安全保障条約（日米安全保障条約）」という日本政府が米国に軍の駐留を依頼する片務的な条約と、表立って条約に盛り込めない米軍の強大な裁量の実行を可能にする「日米行政協定」のもとに米国の「保護国」として生存してきました。

そして、昭和35年6月23日には、集団的自衛権を認めた双務的内容の「日本国とアメリカ合衆国との間の相互協力および安全保障条約（新日米安全保障条約）」が発効し、ようやく少しは独立国らしく見えるようになりました。これはつまり、「日本においては、集団的自衛権は憲法に抵触する恐れがある」という解釈に関しては無理があることを示しています。一方、「日米行政協定」は実質的には変わらないまま「日米地位協定」とその名前と条文の表現を変えて存続しています。

しかし講和条約発効から60年、国際情勢は大いに変わりました。米露英仏中のみならず印パ・北朝鮮まで核武装し、国力をつけて増長した中華人民共和国によるわが国の領土侵食という現実を迎え、いざ戦争になったときには閣議承認を必要とする意思決定の遅さゆえにわが国は即応できず、さらに核戦争になっても日米安保条約の履行が保証されない状況になりました。つまり現実は、日本が米国の51番目の州にでもならない限り、米国がすべてを面倒を見てくれる「保護国」として安全を保障される状況ではあり得ないのです。

自衛力の強化について

大規模災害という国難にあっては消防、警察はもちろんですが自衛隊の力がいかに強力であったかを国民は身に沁みて感じたことと思います。人々が生きていくということは理屈ではなく、国土の上で生身の体を生かしていかなければなりません。それを守るための自衛力は不可欠です。国難は国内だけでなく国外からも生じ得るので、それに備えることはわれわれの義務です。

ここでいう自衛戦力とは、単なる戦力だけではなく、法体系、情報取得力、兵站を支える経済力・科学技術力、そして一番重要な国民の意思のすべてを意味していることは言うまでもありません。この日本国をしっかりさせるのは日本国民一人ひとりにかかっています。そしてその国民がますます協力し合って社会を支えていくことです。

日本には他国も欲しがる世界有数の海底油田・ガス田、メタンハイドレートなどの基礎資源があると言われています。日本が太平洋の真ん中にでもあれば他国との摩擦は起きにくいのですが、地政学的状況はそういうわけにはいきません。中華人民共和国から見れば日本は対米接近拒否戦略上の生命線である「第一列島線」と「第二列島線」上にあります。そんな日本が裸でいれば、襲いたくもなるでしょう。我々は今の世界の東アジアに暮らす文明人として健全な心身を持ち、衣服を身にまとわねばなりません。もちろんそれよりもっと強力な勢力に対しても、きちんと対応する必要があります。

今こそ自存のため、自国により「生存権」を確実に保持する政治外交方針（政略）を立てられる憲法が必要です。具体的な戦略や戦術の話はその後のことです。

天皇陛下を支える仕組み

東日本大震災における原発大事故も戦争も、国民の生存そのものを脅かすという点では共通しています。戦争では相手が外国であるので戦力が話題の中心になりがちです。しかし、法体系、戦力、情報取得力、兵站がどんなにしっかりしていても肝心の国民の意思がひとまとまりにならなければ本当の力になりません。そういった意味でも、私たちが自分を守り、大切な人を守り、故郷を守り、そして国土を守って生きていくにあたり、誰よりも日本のことを思っておられる天皇陛下を戴いていることは本当に幸なことです。

ただし、現行憲法（日本国憲法）には、皇室を支える仕組みを壊すGHQの意図が反映されているので、これを是正することが先決です。本来ならば一度旧憲法（大日本帝国憲法）に戻してから改憲の話をするのが筋だと言いました。ところが朝鮮戦争後、実質的に米国から日本マターになったにもかかわらず手付かずのまま70年近くがたち、国民も現憲法の問題とは無関係に馴染んでしまっているため、現実には現行憲法の「改憲」になると思います。そのとき、仮に国体を変えないとしても、最も大切なところとして天皇家を支える仕組みをしっかりと作り直すことが最重要だと考えます。

当事者であられる今上陛下ご自身は、「私は即位以来、昭和天皇を始め、過去の天皇の歩んできた道に度々に思いを致し、また、日本国憲法にある『天皇は、日本国の象徴であり日本国民統合の象徴』であるという規定に心を致しつつ、国民の期待にこたえられるよう願ってきました。象徴とはどうあるべきかということはいつも私の念頭を離れず、その望ましい在り方を求めて今日に至っています。なお大日本帝国憲法下の天皇の在り方と日本国憲法下の天皇の在り方を比べれば、日本国憲法下の天皇の在り方の方が天皇の長い歴史で見た場合、伝統的な天皇の在り方に沿うものと思います」とお述べになっています（天皇皇后両陛下御結婚満50年に際して）。つまり、権力に関わらない、国および国民統合の象徴（権威の象徴）というのが古来の天皇の在り方であったのです。

そこを外さないように肝に銘じつつ、具体的には、以下の事項が必須ではないかと考えます。

①日本国天皇は、日本国の象徴であり日本国民統合の象徴であり、この天皇が日本国元首であると明記（日本国を対外的に代表するという外交慣例上の実勢を

素直に反映させる）する。今さら説明はいらないと思います。

②皇室典範を皇室に戻す。現行憲法第1条の「国民主権」との整合性から、現皇室典範の改訂を司る「皇室会議」の議員は国民主導で10名中8名が国民の代表である国会議員など皇室以外の人たちで構成されています。つまり、皇統の伝統も歴史も理解できているとは思えない国民が、天皇陛下のご関与できないところでわが国の最も大切な皇位継承にあずかるという大変危うい仕組みになっています（第5章　皇室会議　第28条第2項）。この是正がぜひ必要だと思います。

③天皇・皇室を支える組織の設置。宮内庁の宮内省への改組。今のような「内閣府に置かれる機関」から新皇室典範のもと、独立官庁として改組する必要があると考えます。また職員も今のように他の省庁からの出向でなく、天皇陛下にお仕えするという自分の意思で奉職し不都合がなければ永年勤続できる仕組みにする必要があります。

④現存御料の返却、管理運営する法律の制定。そもそも大日本帝国憲法施行以前から天皇・皇室の財産であった御料については、本来の持ち主である天皇・皇室にお返しし、宮内省と財務省が共同で管理するのがよいと考えます。

⑤現皇室典範で禁じられている養子（第9条）を認めることで、皇族ないしは旧宮家の男子を養子とすることにより男系男子継続が可能です。また、子がなく断絶する宮家に皇族ないしは旧宮家との養子を認めることで存続が可能になります。

また、皇族女子が皇族でない男子と婚姻された場合の皇籍離脱（第12条）に例外を認め、女性宮家創設を認め皇族として残られることで天皇の補佐をしていただけるようにすることも考慮してよいのではないでしょうか。

⑥宮家の復活と（財政基盤を含めた）それを可能にする法律の制定。軽々に部外者が述べてよいことではないと承知していますが、やはり伝統という日本人の何にも代え難い長年の英知の結晶のひとつであったので、天皇・皇室と当事者

となる旧宮家の方々のご了解のもと希望する方々の復活が得られることを切に願っています。

将来の皇室の在り方に関しては当事者であられる天皇家の方々のお考えですが、皇位継承の制度にかかわることについては、「国会の論議にゆだねるべきである」（天皇陛下ご即位二十年に際し）と天皇陛下もおっしゃっていらっしゃいますので、国民とその代表である国会議員は天皇陛下の思召しを忖度し、伝統の持つ意味の重さを十分に理解し、勇気と英知をもって真剣にすすめていくべきと考えます。

宗教と神道について

まず、本来の神道と、いわゆる国家神道は別ものだと考えていただきたい。成文による規範を持たない神道本来の寛大さは、いわゆる「国家神道」という強制により広められたものとは対極にあるからです。

神道では、あらゆる自然物に神が宿ると考えます。また、日本の仏教では、「草木国土悉皆成仏」、つまり「あらゆる自然物はことごとく他界すれば仏になれる」という考え方をしています。はじめに日本に入った大乗仏教本来は、「一切衆生悉有仏性」、すなわち心を持つ存在と考えられた生類を衆生として捉えたもので、植物や無生物までは対象とされていませんでした。神道はあらゆるものを受け入れ、神道自身が仏教により神道を説明する方便として仏教を吸収しました。このことは、日本人の考え方がそれほど多元的である証明であるともいえるでしょう。

神道の心である「清明正直（じょうみょうせいちょく、じょうみょうしょうじき、せいめいせいちょく）」、つまり神羅万象に宿る霊性を感じていた古い日本人は、その心を清らかに浄化し、明るさを増し、正しく素直に（正直に）発揮して神に近づくよう生きていくことが大切であると説いています。

教祖が「神の教え」を広めた多くの宗教のように、ある教義を厳守することでアイデンティティを確保するものを「宗教」と言うのであれば、そのような形をとらない古来の神道は、宗教でないとも言えます。理屈で説明できないものを信じる行為としての信仰といってよいと思います。ですから、神道では、他の宗教もみな拒まず受け入れます。誰もが目に見えないものを映す鏡としての心を大切にし、その心の内なる声に耳を傾け、そこで感じるものが「カミ（普遍意識＝大霊）と繋がる分霊（わけみたま）の実感」です。外から与えられた形によらず、個人がありのままに感じるものを受け止めればよいのです。つまり、あえて組織に所属したり人為的に何かを強制されたりする必要はないように思います。

これは医師としてもかかわりのある話ですが、いま、教育現場で人の死について答えを得るには、教育がタブーにしてきた「『宗教』という装置が必要」という議論があるようです。たしかに、世界の人たちの生き方、ものの考え方の基本になるという視点で彼らを理解するために主な宗教を知識として教える必要があると思います。そのなかでさまざまな宗教が共通して持っている真理としての天壌無窮の摂理を、その表現の違いを超えて理解できれば、なおよいと思います。

一方、宗教心を持つことは大切ですが、すでに何らかの宗教に帰依している人は別にして、私たち日本人は、改めて「宗教」を必要としなくてよいのではないでしょうか。つまり、我々が古来持っていた、森羅万象に神性を感じる心性を顕した神道的な信仰心を認識すればそれで十分だと思います。

西行法師が伊勢神宮をお参りしたときに詠んだといわれる「なにごとのおわしますかは知らねども　かたじけなさに涙こぼるる」という句に、神道の本質がよく顕れていると思います。

正しい教育を行う

今まで述べてきたGHQの苛烈な占領管理の施策の結果、戦後の教育は日本人として歴史・伝統を尊重し、健全な祖国愛、そして自分の責任で生きていく心を育てることをしてきませんでした。この大切な面の育成に力をいれていくことが喫緊の課題です。

そのためにはまず、近代の歴史を理解し、天皇陛下により日本が守られてきたことを理解しないといけません。そのうえで、これからの日本を担っていく若い人たちにこれらの事実を教える。そして人間愛と祖国愛をもって生きていけるようにすべきです。さらに、これらの事実を教育の場で実践してこれから将来に向けて遍く国民への浸透を図っていくことが大切です。

まず、教育現場ですぐできることとして、①歴史教育、②道徳教育、③偉人の物語を副読本にする、④文部省唱歌や童謡を歌うがあると思います。これらは皆、いっしょに実施することで互いに補完し合います。以下各項目についてみていきます。

①歴史教育

戦後教育は、いわゆる東京裁判史観のもと、私たちはアジアを侵略し連合国に歯向かった悪い国の民であるとの一方的な歴史解釈を子どもたちに教えてきました。

幕末維新以後、帝国主義世界の歴史の実相、今次大戦での敗戦で連合国（実際はGHQ）が日本の国体改変のために行ったさまざまな施策について、この本で述べた程度の事実は義務教育の一環として中学校までに確実に学習させます。

そもそも、アリストテレスの三段論法的に考えたときに「大前提」である国の安寧と国民の幸福・繁栄を実現するためには、「小前提」としての事実認識がなされてはじめて、「結論」としての行為の決定、すなわちいつの日か自分たちで自分たちの憲法をはじめ政治外交・経済・教育など国造りをするための具体的な方策が決まります。そのためにもこの事実認識に要する努力を惜しんではいけないと思います。

さらに言えば、この「大前提」のひとつである国の安寧を考えるときに、世界を動的相対主義的に捉えること、つまり世界は動いており真理としての基準（たとえば国際法など）も動的に考えることが大切だと思います。「平和」を求めるのにこの世界の実情をよく理解すれば、わが国の希望や理屈だけ（一部の人の表現を借りれば「空想的一国念仏平和主義」）では必ずしも平和を維持できないことは自明だと思います。

なお、事実認識として忘れていけないものとして、わが国最古の歴史書である古事記と日本書紀を学習し、皇祖皇宗の歴史を知ることが肝要です。歴史学者のアーノルド・トインビーも、「神話を教えなくなった民族は100年以内に必ず滅びている」と言っています。

②道徳教育

先述のように、戦前、日本では教育勅語や、修身のような文明国にとって常識的かつ普遍的な内容をもとに、宗教と切り離して道徳教育が行われていましたが、戦後、

GHQによりこの教育勅語や修身は禁止されました。その後、東西冷戦中「逆コース」の流れのなかで昭和33年文部省学習指導要領の改訂により「道徳」として復活しました。ただ、この「道徳」は「修身」を否定して実践されました。

さて、「修身」が世界の文明国に受け入れられたことは述べましたが、戦後わが国の文部省で「修身」が否定された理由をみると、道徳の原理原則を教え込んだだけで、そこから学童が実際の現場でどのように実践するかという能動的視点の教育が欠けていた、ということのようです。

たとえば、私たち医療の現場の一例として、がん告知について「正直」と「思いやり」という徳目の観点でみてみましょう。患者さんの治療機会を逃さないために、あるいは手遅れで緩和に切り替え、残された人生を有意義に送るためには、「正直」な告知が大切です。一方、患者さんによっては「がんでなかったですよ」と言うと「あぁよかった。がんでなかったら自分はもういつ死んでもいい」というくらいがんを恐れている人がいます。このような人に「正直」に言うのがよいか「思いやり」で言わないほうがよいか、というような葛藤の生じることは多々あります。

道徳に限らず、そもそも実社会のなかでは、いくつもの「原則」がお互いの接点で葛藤を生じさせることは避けられないものです。はっきり白黒つけられないグレー（裁量を求められる）のなかで私たちは頭を絞り悩まされながら問題解決に努力して生きています。

つまり、知識として最低限必要な、原則としての「修身」の徳目については、今でも価値を持つものが多々あるので、徳目の位置づけ（まずは知って考える材料にする）とともにこれを教え、さらに実践に向けて考えることの必要性も学年により教えたらよいと思います。ただしここで注意がいるのは、「実践に向けて考えること」はある程度学年が上がり、総合的な思考力がついてこないとなかなか難しいので適正な教えどきの吟味がこれから必要だということです。少なくとも小学校低学年に過剰な性教育をするような愚を犯さない注意は必要です。

③偉人の物語を副読本にする

戦後の横並び教育のひとつの弊害として、世間のために一所懸命がんばって結果として立派になった人物を自分の人生の目標にするという観点が欠けました。やはり人は誰か自分の目標になる人を心のなかに据えて生きることが自分の夢の実現のために大切だと思います。そこで血の通った生きた教材になるように近代の歴史上の偉人（たとえば吉田松陰と松下村塾の教えにより輩出された幕末維新の志士たちや坂本龍馬、西郷隆盛など）の生涯を副読本により学ぶのがよいと思います。

ただし、あらかじめこのような偉人は模範であって、自分がなれるかどうかを問うものでも、もちろん強制するものでもないことを断っておきます。つまり、誰もが目標を持って誠実に努力するその生き方が尊いのであって、誰もがその人のようになれるという結果の平等をめざすことが目的ではありません。

④明治の文部省唱歌や大正の童謡を歌う

今の教育では、祖父母、父母から、子、孫へと歌い継がれてきた日本の伝統的な文部省唱歌（『雪』『浦島太郎』『汽車』『海』『浜辺の歌』など学校教育用に創作されたもの）や童謡（自然発生的に作られたわらべ歌ではなく、『雀の学校』、『シャボン玉』、『夕焼け小焼け』『赤とんぼ』など創作童謡を指す）のうち、多くのものは歌われなくなりました。

このような文部省唱歌や童謡には美しい国語で日本の心や風景が歌われており、戦後しばらくは世代を超えて親子そろっていっしょに歌うなかで心の結びつきを養ったものです。今また、このような唱歌や童謡を幼少時より歌うように教育することが大切だと思います。なおここでいう文部省唱歌は日本人の新作によるものを指し、翻訳唱歌（『埴生の宿』『別れ』『旅愁』など外国の曲に日本語の歌詞をつけたもの）は含んでいません。

これらの教育で大変重要なことは、身に沁みつくまで繰り返し、からだで覚え、本能のように無意識のレベルに刷り込まれるようになることがとても大切です。「読書百遍義自ずから見る」です。なお、これは余談ですが、一般的な成功法則も、潜在意識（無意識）の活用ができるかどうかにかかっていることが多いです。

日本人の特性について理解する

日本人には、自然豊かな島国で自然とともに暮らし自然を敬うなかで育まれた、神道的感性がしみついています。真心、水に流す、潔い、といったお人好しで人を信じることをよしとする性癖が特色です。さらに長年、他者に本格的に国土を侵されたことがなく、戦乱の世を含めて他者を抹殺するような厳しい争いもなく、和を尊んできたので、他者を疑い、客観的に多角的によく知ろうとすることにおいて疎かったように思います。間者を重用した戦乱の世でさえ、対象範囲は国内に限られていたので対象は所詮同じ民族です。

幕末維新までは自分とまったく別の文明を持つ強い力に国を蹂躙されたことがなかったことは、生存をかけるために世界を視野に入れるというような俯瞰的なものの見方をし、そのために政略を実施するための決定権のある管理調整組織を立ち上げたり、その下で真剣に情報を得ようとしたり、資源集中したりする必要がなかったわけです。したがって、大陸で移動を繰り返し、土地を盗ったり盗られたりしながら生きてきた列強の国々とはもまれ方が違い、そのような人々を相手にうまく政治・経済・外交をこなしていくことがいかに大変で難しいことかという認識は大切かと思います。

また個々人の論理思考とは別に、長い物には巻かれろというところがあり、集団になったときに情緒的な行動に走る傾向があります。先の対米戦開戦に見られるように、嵌められ追い込まれそうになって理性的に被害を最小限にとどめるよう対処が必要なときに情緒的な行動に走らないよう自制できることが大切かと思います。

践祚直後から日本が不可避の運命として大戦争に向けて駆りたてられていくのを常に憂慮され懸念を表明されていらっしゃった昭和天皇が、敗戦直後に父として子息の皇太子明仁親王にお出しになったお手紙を謹んで拝見させていただきます。

「手紙をありがたう　しつかりした精神をもつて　元気で居ることを聞いて　喜んで居ます

国家は多事であるが　私は丈夫で居るから安心してください　今度のやうな決心をしなければならない事情を早く話せばよかつたけれど　先生とあまりにちがつたことをいふことになるので　ひかへて居つたことを　ゆるしてくれ　敗因について一言いはしてくれ

我が国人が　あまりに皇国を信じ過ぎて　英米をあなどつたことである

我が軍人は　精神に重きをおきすぎて　科学を忘れたことである

明治天皇の時には　山県　大山　山本等の如き陸海軍の名将があつたが　今度

の時は　あたかも第一次世界大戦の独国の如く　軍人がバツコして大局を考へず進むを知つて　退くことを知らなかつたからです
戦争をつづければ　三種神器を守ることも出来ず　国民をも殺さなければならなくなつたので　涙をのんで　国民の種をのこすべくつとめたのである
穂積大夫は常識の高い人であるから　わからない所あつたら　きいてくれ
寒くなるから　心体を大切に勉強なさい」

昭和天皇は、正に正鵠を穿っていらっしゃいました。あらためて、①相手を知り、己を知る、②精神と科学（合理思考）とのバランス、が私たちにとって最も大切な視点だと強調していらっしゃいます。

よく話題になりますが、幕末維新の志士たちのような人がなぜ第二次世界大戦のときに出なかったのかと思うと残念でなりません。明治維新の志士たちに共通していたのは、漢学（特に儒学）・国学により精神に一本筋が通っていたことと、死線を潜り抜けた体験をしていることだと思います。とりわけに吉田松陰の薫陶を受けた長州の志士たちは、学問を通して人間愛と祖国愛を学びました。

刺客に狙われ何度も命拾いした勝海舟、入水し島に流されても助かった西郷隆盛、命がけで脱藩しその後も常に幕府に命を付け狙われた坂本龍馬。

また、同じく幕府と対峙あるいは命を付け狙われた長州の久坂玄瑞、高杉晋作、桂小五郎（木戸孝允）、伊藤俊輔（博文）、井上聞多（馨）、山縣狂介（有朋）、品川弥二郎、山田市之允（顕義）、や薩摩の大久保一蔵（利通）。彼らは皆、このような信念と生命の危機の切迫した体験により人間が練られたと考えます。

日本が列強に「開国」を迫られ、明治維新を迎えて以後、「力こそ正義」の世界に投げ込まれ、その中で生き延びることに必死になってきました。とくに第二次世界大戦敗戦により米国の属国になった日本は、ソ連が崩壊してから世界唯一の超大国で、世界の警察を自任する米国の圧力をよりいっそう強く受けるようになりました。さらに隣国の中華人民共和国の台頭、膨張による国土の侵犯を受けている現状です。

明治維新以後、力の西洋列強に対抗するために明治3年、大教宣布により天皇に神格を与え、神道を国教とし、日本を祭政一致の国とすることを宣言し、国民の力を結集することを狙いました。そして今次大戦敗戦後、現行憲法において「象徴天皇」になりました。

今上陛下は言うに及ばず、敗戦まで立憲君主であられ、戦後「象徴天皇」になられた先帝陛下（昭和天皇）も、明治天皇が維新の国家の方針として示された「五箇条の御誓文」の精神を尊重され、ご在位中一貫して内閣の決定事項に対して自分のご意向にかかわらず裁可されていました。

このように平時は、直接政治に関与されないが、いざ危急時に政府が機能不全を起こしたときには国を救ってくださいました。先帝陛下は、二・二六事件と終戦のご聖断、今上陛下は、先の東日本大震災と福島第一原発事故に対しての玉音放送です。結局、最後は天皇陛下がいらっしゃっての日本です。

これからの国造りで重要なのは、まずは日本国民が歴史を理解し、天皇陛下を戴いている僥倖を認識することです。そして、この世界で生きてゆくため、天皇陛下を「扇の要」として人間愛と祖国愛により心を一にして調和の世を実現していかなければならないと思います。一人ひとりが善かれと思ってやる日々の行いが、十万、百万となれば世相も変わり、やがて世界も明るく輝き始めることと思います。まさに最澄の「一灯照隅、万灯照国」です。

天皇陛下はご即位10年に際して「高齢化社会を迎え、福祉の面は厳しい状況にありますが、心の絆を強め、様々な課題に対するたゆみない努力により、皆が幸せな気持ちになれるような社会を築いていくことを期待しております。私どもがそのような心の支えに寄与することができればと思っています」とお述べになっています。

矜持をもって生きる

今は我慢が必要だと思います。米国が主導する資本主義経済が金融工学の破綻により、世界的に行き詰まっているなかで、従来の地球資源を食い尽くしながら右肩上がりの収支を追い求めていくやり方から、われわれの政治経済をより社会民主主義的な方向に進めていかなければなりません。今は、意識、心持ちを変えて耐えるときです。すなわち今こそ「足るを知る」を強く意識し、向上の意欲をくじくことなく力をためるときだと言えます。

そのためには、先述したフォスター・ギャンブルの勧めを参考に、以下のような活動をすればよいのではないかと考えます。

①情報は、公正で開かれたインターネットにより得て、自分の考えを述べ他人と繋がる場をつくる。ジャスミン革命はまさにこのようななかから生まれてきた成果のひとつです。
②国際銀行家の息のかかって（大手資本の参入して）いない独立メディアを支援する。
③国際銀行家の息のかかっていない地元の銀行を使う。
④欲をかかないよう心がけながら責任を持った購入や投資をする。
⑤わが国の有機・非遺伝子組み換え農業を支援する。安心できる食べ物を地産地消で。
⑥現在の追跡可能な紙投票を維持することでコンピュータ操作の余地を差し挟ませない。

⑦再生可能なニューエネルギー技術を支持する。
⑧クリティカルマス活動（臨界点）に参加登録する。

遠い将来、世界の宗教が真理を共有し、互いの枝葉の違いを寛容することで対立が収まることを期待してやみません。そのためには経世、教育が肝要で、それにより南北格差が縮小するまで、富める国々は富の再分配に力を入れなければなりません。現在の日本人は比較的宗教色の薄い状態にありますが、これは摂理の理解を進めるには、夾雑物が少ないという点でよいとも言えるでしょう。

日本の行政を支える官僚はその仕組み上、政治家に従わざるを得ないために、政権によりあるいは政治家により時として翻弄されたり、やる気を削がれたり、守りに入ったり、国益に反することをせざるを得なかったりすることがあったと思います。このような時流による浮き沈みに、せっかくの有為な能力があらぬ方向に浪費されないようにするためにも、日本のために日夜全身全霊を捧げていらっしゃる天皇陛下の大御心を思い描いて働くよう意識すれば、仕事に臨む心意気が大いにあがるのではないかと思います。私たちには、まさに滅私奉公の体現者としての天皇陛下がいらっしゃるのです。どうか見習っていただきたいと思います。

政治家の方々も国際銀行家の代弁者のひとつである米国政府の強力な圧力に対応するのはさぞ大変かと思いますが、国益のためにうまくかわせるよう、どうか天皇陛下の勇気を見習って少しでも気張ってほしいものです。

天皇陛下の行幸に関しては、インターネットの動画などでも見られますし、実際に天皇皇后両陛下が地方にお越しになるときにお見かけする機会もあるかもしれません。そのとき、心がよほどねじ曲がっていない限り、日本人であれば直感的に感動すると思います。だから、天皇陛下の存在を意識できていない方というのは、ただただ、そのお姿を見たことがないだけだと思うのです。

たとえば、東大病院を退院されるとき、特別室から一般の方とは別のルートで正面玄関まで来られ、お車で帰られるのですが、そのときの正面玄関の雰囲気というのは、もう、スーパースターがいらっしゃるとしか表現しようがありません。なにより、告知など行うはずもないのに、陛下が玄関にお越しになった瞬間に、どこから来たかと思うほどの見舞い客というか患者さんたちがワーッと集まってくるのです。本当に、おふたりが病院長に先導されてお歩きになるとき、その場の空気が激変するのです。玄関のガラスの向こう側を、車に乗り込む陛下がお通りになるとき、お一人お一人に、家族に挨拶をするように笑顔を振りまいていかれます。それを見れば、「あっ、私は陛下の民なんだ」といった、まさに「君臣一如」という理屈を超えた一体感を得ることができます。

全国民が体験することは物理的に不可能ですが、機会があれば一人でも多くの方にぜひ体験していただきたい。誰もが理屈抜きで感動されることでしょう。

とはいえ私自身、両親が神道だったわけでもなく、幼いころは天皇陛下の存在をそれほど意識できていたわけではありません。それでも天皇陛下に対する両親の敬愛の情は随所に感じておりました。それはもう子ども心に「なぜなのかな？」と思わずにはいられない純粋な敬愛でした。

その純粋さが理解できず、両親に「なぜ？」と聞いたとき、「理屈ではないのよ」

と説明した母の顔をよく覚えています。とはいえ私もひねくれた子どもでしたので、「もし仮に、天皇陛下という仕組みがなかったらどういう国になるの？」とさらに聞いてみたところ、最初は「バカなことを聞くんじゃないのよ」と叱られたうえで、「それではただの国になってしまうでしょう」と答えてくれました。そういった問答を何度か経て、天皇陛下の存在が理屈を超えたものであると納得していったわけです。

その後、高校生のころに美智子妃殿下のお姿を拝する機会を得ました。

昼ごろに学校をサボって国立駅のホームに立っていたところへ、ちょうど立川のほうから皇室の電車（一五七系を改造したもの）が入ってきたのです。それに気づいた私は、「あれ？　皇室車だ」と思いつつぼんやり眺めていたのですが、五両編成の真ん中の3両目、列車のあちら側に美智子妃殿下が座り、お付きの人とお話をなさっていたのですが、たまたま美智子妃殿下と目が合った瞬間、電気が走ったように最敬礼してしまいました。

もちろん、とくに皇室に関心が高かったわけでもなかったのですが、自然に最敬礼してしまうほど神々しいものを感じました。それが最初です。

最敬礼に関しては、もういわゆる反射としか言いようがありません。熱いヤカンに触れるとハッと手を引くのと同じ。何も考えてないのです。そして気づけばお辞儀をしていました。

いつの日か世界中の人々の意識が向上して大自然と調和し、フリーエネルギーをみんなで仲良く使い、平和で健康なひとつの世界になることを心より願っています。しかし現実の道程はとても遠くて厳しいものだと思います。この究極の理想を実現するためには、時間がかかっても日本人の意識が率先して向上し、その調和と平和を好む生き方を世界に広げることが強い力になると思います。

ただ、それが実現する前に、まずは日本が現在の「力こそは正義」の厳しい世界を生き抜いていくことが先決です。今の世界は国々が自存をかけて争っています。この現実世界のなかで、将来の理想の実現に向けて日本が自分自身に責任をもって存続しなければ始まりません。日本人が世界の実相と日本の歴史を知り、わが国が天皇陛下の存在により守られていることを知ることが大切です。そして、天皇陛下への感謝の気持ちと日本人としての矜持をもって生きることが神意に添うことだと信じています。

おわりに

戦後、先帝陛下（昭和天皇）は全国御巡幸にはじまり、さまざまな催し物にお出ましになられ、そして今上陛下も先帝陛下の御心を継がれ、細やかなお心配りによって国民に心を寄せてこられました。それは国民の目に見えるところでのご活動であり、そのご様子を拝見できるだけで国民としてたいへんありがたいことです。

天皇陛下のご活動は国民の目にふれるものばかりでなく、まったく目にふれないところで最も尊いお仕事をされていることに思いをはせさせられます。それは、戦後GHQの神道指令により皇室の私的行為にされてしまった宮中祭祀です。天孫降臨以来天皇陛下は、一時の例外を除いて「しらす」すなわち神道（かんながらのみち）＝神と繋がり民と分かち合ってこられました。その具体的な行いが数々の宮中祭祀です。そのなかで天皇陛下は、ただひたすら国民の平和と繁栄を願ってこられました。

このような天皇陛下の「しらす」というぶれることのない基本姿勢はその高い霊性により連綿と維持されてきたと思います。ご自身のことよりもつねに国民を「大御宝

（おおみたから）」として第一に考えられてきた天皇陛下です。

東日本大震災により、日本中の人々が大きな心労を負う生活を余儀なくされました。そのなかで現地の状況に思いをいたされ、1か月半後に天皇皇后両陛下は御行幸啓なされました。そして両陛下は、その後、幾度にもわたって御行幸啓を続けられました。両陛下のお出ましにより厳しい状況のもとで難儀していた現地の方々が「自分たちは見捨てられていない」と、どれだけ励まされたことでしょう。また、亡くなった方々へのご鎮魂によりどれだけの御霊が浮かばれたことでしょう。両陛下のただひたすら誠心誠意な国民へのご対応、そしてお祈りだからこそです。

「ビデオによるおことば（玉音放送）」によって、機能不全に陥っていた政府に対して米国政府が介入することでなんとか最大の危機を乗り越えられたのは日本国民にとって僥倖でした。国民の代表による政府が機能不全に陥った場合の天皇陛下のご決断力とその影響の強大さ、そして危機に際し自国で対応しきれなかった私たち日本人の危機対応能力の不十分さ、この本で私が述べたかったのはこの二点です。

日本人は第二次世界大戦に引き込まれ、そして敗れました。戦後ＧＨＱが日本人に対して行った「精神的武装解除」はこれまで述べてきたとおりです。そのなかでお変わりにならなかったのは天皇陛下です。いま私たち日本人は、幕末維新以後の歴史を総括することで、これから欧米列強に蹂躙されないためには何をしていかなければいけないのか、具体的に政策を立案するときだと思います。今まさにTPPに関して、国内での議論のなされる前に参加に追い込まれ、しかもその後、日本だけに特例はないと退路を断たれた状況が、戦前の日本を彷彿とさせます。当事者の方々には厳しい折衝でしょうが、どうか流されずに頑張っていただきたいと思います。

「力こそ正義」の世界にあって、戦勝国のつくった世界の歴史認識を変えることは望むべくもありません。まず自分たち自身が正しい事実認識をして、正すべきところは勇気をもって正す努力が必要かと思います。GHQの施策の成果をつぶさに検証し、憲法・皇室を支える仕組み・教育・金融・外交・防衛など日本の国の基幹をひとつひとつ確実に改善していくことが喫緊の課題です。そのうえで、国際政治で国益を損なわないよう十分注意しながら言うべきときに正しいことを言っていくことだと思います。

天皇陛下は、古来変わらず国民の幸福と繁栄、国の平和を願ってこられました。そして世界を動かす人々の中にあっても崇敬されてきました。日本の独自性は日本に天皇陛下がいらっしゃることです。私たち日本人の要である天皇陛下のことをよく知って感謝申し上げ、私たち自身の多様性を認めつつ、その気持ちが日本人として私たちの日本を良くしていこうという同じ方向に向くことが大切ではないでしょうか。

天皇陛下を戴く仕組みが２６００年以上も連綿と続いてきたのはなぜでしょうか。それは「国譲り」以来、天皇は「しらし」め、そして臣下が「治める」と権威と権力を分離してきたことが最大の理由だと思います。

また、生物的に見た血統の維持という点では、私たちの先祖の英知はすばらしかった。男系を維持するために宮家を持ったこと、養子制度があったことなど明治維新までの仕組みが大きかったと思います。まずは、戦後ＧＨＱにより大きく損なわれたこの「天皇」を維持する仕組みを国民として正していきたいものです。小著がその一助になれば幸いです。

最後になりましたが、この小著を出版するにあたり、扶桑社の犬飼孝司さん、北井亮さん、友人の赤尾由美さん、瀬知洋司さんにたいへんお世話になりました。ここに深謝いたします。

主要祭儀一覧（宮内庁HPより）

月日	祭儀	内容
1月1日	四方拝（しほうはい）	早朝に天皇陛下が神嘉殿南庭で伊勢の神宮、山陵および四方の神々をご遙拝になる年中最初の行事
	歳旦祭（さいたんさい）小祭	早朝に三殿で行われる年始の祭典
1月3日	元始祭（げんしさい）大祭	年始に当たって皇位の大本と由来とを祝し、国家国民の繁栄を三殿で祈られる祭典
1月4日	奏事始（そうじはじめ）	掌典長が年始に当たって、伊勢の神宮および宮中の祭事のことを天皇陛下に申し上げる行事
1月7日	昭和天皇祭（しょうわてんのうさい）大祭	昭和天皇の崩御相当日に皇霊殿で行われる祭典（陵所においても祭典がある）。夜は御神楽がある
1月30日	孝明天皇例祭（こうめいてんのうれいさい）小祭	孝明天皇の崩御相当日に皇霊殿で行われる祭典（陵所においても祭典がある）
2月17日	祈年祭（きねんさい）小祭	三殿で行われる年穀豊穣祈願の祭典
春分の日	春季皇霊祭（しゅんきこうれいさい）大祭	春分の日に皇霊殿で行われるご先祖祭
	春季神殿祭（しゅんきしんでんさい）大祭	春分の日に神殿で行われる神恩感謝の祭典
4月3日	神武天皇祭（じんむてんのうさい）大祭	神武天皇の崩御相当日に皇霊殿で行われる祭典（陵所においても祭典がある）
	皇霊殿御神楽（こうれいでんみかぐら）	神武天皇祭の夜、特に御神楽を奉奏して神霊をなごめる祭典
6月16日	香淳皇后例祭（こうじゅんこうごうれいさい）小祭	香淳皇后の崩御相当日に皇霊殿で行われる祭典（陵所においても祭典がある）